일러두기

- 맞춤법과 외래어 표기는 국립국어원의 용례를 따랐습니다. 다만 국내에서 이미 굳어진 인명과 지명, 용어의 경우 일부 익숙한 표기를 사용했습니다.

문명의 탄생부터 국제 정세까지 거침없이 내달린다

한번 시작하면 잠들 수 없는 세계사

김도형(별별역사) 지음
김봉중 감수

빅피시
BIG FISH

프롤로그

세계사는 이제
'생존의 교양'이다

전 세계가 실시간으로 연결된 지금, 세계사를 아는 일은 이제 선택이 아닌 '생존의 교양'이 됐습니다. 서로 다른 가치와 이해가 맞물려 돌아가는 복잡한 세상에서, 과거를 이해하는 능력은 곧 미래를 예측하는 능력이기 때문입니다.

세계사를 제대로 이해하기 위해서는 우선 세계가 어떻게 흘러왔는지 알아야 합니다. 약 6,000년에 이르는 인류의 역사는 어떤 힘에 의해 결정돼 지금에 이른 것일까요? 이를 바라보는 시선은 크게 두 가지로 분류되기도 합니다.

첫 번째는 지리와 자원 등 '구조적 요인'으로 인해 역사가 필연적으로 전개된다는 해석입니다. 그리고 두 번째는 인간의 변화무쌍한 '욕망과 선택'이 역사를 만들어왔다는 해석입니다.

'구조'는 역사를 떠받치는 거대한 기둥이며, '인간'은 그 기둥 사이에서 예측 불가능한 움직임을 만들어내는 심장입니다. 그래서 저는 역사적 사실을 설명할 때 구조를 설명하면서도, 그 속에서 살아 숨 쉬는 사람들의 이야기를 놓치지 않으려고 합니다. 이성과 감정,

논리와 이야기. 이 두 축이 만날 때 역사는 비로소 단순한 기록이 아닌 살아 있는 세계로 다가오기 때문입니다. 딱딱한 유물로 여겨지던 과거 안에서 우리는 오늘을 비추는 통찰을 얻을 수 있습니다.

요즘 뉴스를 보면 그야말로 '세계사 속 한 장면' 같습니다. 전쟁과 혁명, 경쟁과 경제 위기까지, 우리가 접하는 모든 이슈의 뿌리는 결국 '역사'입니다. 그러니 빠르게 변하는 세계일수록 우리에게는 더 멀리, 더 깊이 보는 눈이 필요합니다.

얽히고설킨 방대한 역사에서 흐름을 읽기란 쉽지 않습니다. 하지만 인류 문명의 거대한 흐름을 바꾼 힘은 존재합니다. 바로 지리, 전쟁, 종교, 자원, 욕망이 그것입니다. 이 책에서는 이 다섯 가지 힘을 중심으로, 세계사를 새롭게 해석했습니다.

먼저 1장에서는 '지리'가 어떻게 국가의 운명을 결정했는지 살펴봅니다. 천혜의 조건을 선점해 거대한 이익을 거머쥔 미국이나, 잠재적 위협에 둘러싸여 끝없이 땅을 확보해야 했던 러시아의 이야기는 지리가 좌우한 국가의 기회와 한계를 생생하게 보여줄 것입니다.

2장에서는 인류사의 전환점이 된 '전쟁'을 통해 역사를 들여다봅니다. 전쟁은 국가가 선택할 수 있는 가장 극단적인 외교 방식입니다. 제2차 세계대전부터 태평양 전쟁, 오늘날까지 총구가 식지 않은 중동 분쟁까지, 현재에도 주요하게 영향을 미치는 전쟁의 결정적 순간들을 흥미진진하게 짚어봅니다.

3장에서는 '종교'가 만든 문명과 갈등의 역사를 다룹니다. 민주주의의 기반이 된 영국의 혁명, 세계 최강 제국이었던 스페인의 갑작스러운 몰락, 하나의 나라였던 인도와 파키스탄이 참혹하게 분열한 배경에 바로 '종교'가 있었음을 살펴봅니다.

4장에서는 '자원'이 부와 파멸을 동시에 가져온 역설을 다룹니다. 축복 같던 천연자원이 곧 저주가 된 네덜란드, 자원으로 인해 오히려 고통받은 아프리카의 비극적 역사를 살펴보다 보면, 인류사의 아이러니를 한층 더 이해할 수 있습니다.

마지막 5장에서는 '욕망'이 만든 제국의 흥망성쇠를 보여줍니다. 광대한 영토로 세계를 지배했던 몽골제국의 몰락, 한 독재자의 욕심으로 인해 세계 최악의 빈곤국이 된 북한의 현실을 통해 돈, 영토, 권력을 둘러싼 인간의 '욕망'이 어떻게 역사를 비틀어왔는지 설명합니다.

이 책을 집필하며 무엇보다 '쉽고 재미있게 읽을 수 있는 역사책'으로 만들기 위해 최선을 다했습니다.

역사란 외워야 하는 지식이 아닌 '사람들의 이야기'로 느껴져야 한다는 것이 저의 생각입니다. 역사 속 인물들이 중대한 결정을 한 순간, 어떤 생각으로 왜 그런 선택을 했는지 따라가다 보면 과거의 일이 현재의 일처럼 입체적으로 다가옵니다.

또 결정적 사건들이 더 생생하게 느껴지도록 지도와 도판, 인물의 대사 등을 통해 머릿속에서 직접 장면이 그려지도록 도왔습니다. 그러니 '읽는다'는 생각보다 '경험한다'라는 마음으로 이 책을 펼쳤으면 합니다.

이 책이 세상에 나올 수 있도록 응원해 주신 〈별별역사〉 채널 구독자 여러분께 진심으로 감사드립니다. 조회 수라는 숫자 뒤에는 시간을 내어 콘텐츠를 보고, 반응해 주신 한 분 한 분이 존재함을 잘 알고 있습니다. 그 사실이 언제나 큰 힘이 되었습니다.

또 정성을 다해 책을 함께 만들어주신 빅피시 출판사 편집부와 세심하게 감수를 맡아주신 김봉중 교수님께도 깊은 감사를 드립니다.

역사는 빛바랜 이야기가 아닙니다. 과거와 현재, 나와 세계는 거대한 인과의 사슬로 묶여 있고, 역사의 연결고리를 이해할 때 비로소 다가올 위기와 급변하는 미래에 대비할 소중한 지도를 손에 넣게 될 것입니다. 지루하지 않게, 그러나 깊이 있게 역사를 전하려고 한 치열한 결과물인 이 책이, 그 즐거운 여정의 시작이 되기를 바랍니다.

김도형(별별역사)

차례

프롤로그 | 세계사는 이제 '생존의 교양'이다   4

1장 | 지리
세계의 운명을 결정하는 지리의 힘

- **미국** • 최고의 운과 실력으로 지구 최강국이 된 나라   13
- **중국** • 사방이 적으로 둘러싸인 위협의 땅   36
- **러시아** • 끝없이 더 많은 땅을 확보해야 하는 이유   56

2장 | 전쟁
문명의 흐름을 바꾼 결정적 순간

- **이탈리아** • 독재자의 과대망상이 낳은 최악의 실수   79
- **일본** • 전쟁을 멈출 수 없던 국가의 최악의 선택   96
- **이스라엘·팔레스타인** • 4천 년 전에 시작된 죽음의 땅따먹기   114
- **이스라엘·하마스** • 이스라엘과 중동은 왜 바람 잘 날이 없을까?   134

3장 | 종교
사회 구조를 형성한 핵심 동력

- •영국• 종교 갈등은 어떻게 민주주의의 기반이 됐을까?　157
- •스페인• 세계 최강 스페인 제국이 갑자기 몰락한 이유　178
- •인도·파키스탄• 신의 이름 아래 벌어진 참혹한 분열　202

4장 | 자원
부의 판도를 재편한 새로운 힘

- •네덜란드• 순식간에 벼락부자가 된 네덜란드의 추락　227
- •아프리카• 자원은 어떻게 국가의 미래를 결정할까?　240

5장 | 욕망
돈, 영토, 권력을 둘러싼 치열한 암투

- •몽골제국• 최대 영토를 자랑했던 몽골이 쇠락한 이유　257
- •북한• 남한보다 잘살던 국가에서 최악의 빈곤국으로　274

참고 자료　292
본문 이미지 출처　300

1장
• 지리 •

세계의 운명을 결정하는 지리의 힘

최고의
운과 실력으로
지구 최강국이 된 나라

미국은 누구나 인정하는 세계 유일의 초강대국입니다. 명목 GDP(물가 상승을 포함한 성장 수치)가 27조 7천억 달러로 전 세계 경제 규모 1위(2023년 기준), 노벨상 수상자도 411명으로 세계 1위, 캘리포니아주 한 곳의 경제력이 전 세계 5위, 국방비 지출은 1,299조 원으로 한국 1년 정부 지출의 2배가량(2023년 기준), 항공모함은 11척을 보유하여 압도적 세계 1위입니다. 이외에도 수많은 분야에서 1위인 국가죠. 이처럼 다른 나라에까지 엄청난 영향을 미칠 정도의 초강대국은 역사상 몇 없었습니다.

오래전 대영제국이 초강대국이 되나 싶다가 실패했고, 소련이 잠시 위성국들을 거느리며 초강대국이 됐다가 50년쯤 지나 해체됐죠. 현재는 중국이 미국을 추격 중이지만 아시다시피 여러 부분에서 부족합니다.

사실 미국도 처음에는 영국의 제국주의 식민지 중 하나였습니다. 하지만 몇 세기 지나지 않아 미국은 아메리카 대륙을 넘어 세계에 영향력을 끼치는 국가로 변했죠. 이쯤 되면 궁금해집니다. 미국은 어떻게 이렇게 강한 나라가 됐을까요?

미국은 지리적으로 매우 큰 혜택을 받은 나라입니다. 일단 대평원이 드넓게 펼쳐져 있어 국토의 약 45%에서 농업이 가능한데, 미국 경작지 면적이 남한 면적의 35배에 이를 정도입니다. 연간 739억 달러어치의 옥수수가 경작된다고 하니, 이는 미국 인구 3억 명이 식량 수입 없이 사실상 자급자족할 수 있는 수준이죠.

그런데 더 큰 혜택은 이 경작지 옆에 미국 대부분을 관통하는 강들이 다닥다닥 붙어 있다는 점입니다. 이를 통해 식량과 기타 자원이 빠르게 전국으로 운송됩니다. 철광석 등 자원이 풍부하고, 전 세계 원유의 4.4%가 묻혀 있는데 이는 세계 9번째 매장량에 달합니다. 또 온 국토가 중위도 지역에 걸쳐 있어 살기 좋은 기후죠.

무엇보다 중요한 점은 이렇게 지리적 이점이 뛰어난 지역이 방어막으로 둘러싸여 있다는 것입니다. 미국 위쪽에 위치한 캐나다와는 숲으로, 아래쪽의 멕시코와는 사막으로 분리된 데다, 동서로는 대서양과 태평양이 있어 함부로 침략하기 어려운 조건이죠. 그렇다면 이 축복받은 땅은 누가 발견하여, 어떻게 발전해 온 걸까요?

고생길이 적성에 맞았던 청교도,
"개척 한번 해볼까?"

콜럼버스가 처음 아메리카 대륙을 발견한 이후, 이 대륙에 정착한 이들은 영국에서 건너간 청교도들이었습니다. 물론 이전에도 아메리카 원주민들이 살고 있었지만, 남북으로 긴 아메리카 땅의 특성상 동서 문명의 교류가 일어나기 힘들어 유럽만큼 발달하기 어려웠고, 원주민들은 아쉽게도 땅을 100% 활용하지 못했습니다.

'청교도'란 장 칼뱅이 16세기 종교 개혁을 이끌면서 만든 종교로, 이 청교도들은 종교를 개혁하겠다는 의지가 강했기에 기존의 영국 종교인 영국 국교회로부터 탄압받았습니다. 결국 청교도들은 영국을 떠나 약 3개월 동안 비좁은 메이플라워호를 타고 아메리카 대륙으로 향했습니다.

사실 아메리카 대륙이 아무리 좋은 위치였다 해도 처음에는 미개척지였으니, 고생길이 훤했겠지요. 그런데 오히려 이런 상황이 청교도들에게 도전 정신을 불러일으킵니다.

사실 청교도는 잘살아 보겠다는 의지가 확고한 종교입니다. 그들은 인간이라면 열심히 노동하여 부를 축적해야 한다고 여겼고, 세속적 성공을 구원의 징표라고도 생각했습니다. 그 때문에 미개척지의 열악한 환경에서도 근면하게 부를 일구기 위해 분투했습니다.

그렇게 청교도들은 북아메리카 대륙에 정착한 이후 발전에 성

메이플라워호를 타고 아메리카 대륙으로 온 청교도들

공했고, 곧 그 외의 다른 주민들도 함께 개척에 참여하며 미국 대륙 동부 일대에 13개의 식민지를 건설합니다. 저마다 의회를 구성해 자치自治를 하기도 했고요. 이러한 청교도의 개척 정신이 훗날 미국에 큰 영향을 미친 것은 부인할 수 없을 겁니다.

    1770년대가 되자 아메리카 인구는 200만 명을 돌파했고, 점차 무역항이 생겨나기 시작합니다. 사실 영국은 초창기에 식민지였던 아메리카를 그다지 신경 쓰지 않았습니다. 그러다 어느새 발전한 아메리카를 발견했고, 당시 재정 상태가 좋지 않았던 영국은 이

식민지의 차* 등에 세금을 거두면 좋겠다고 생각했습니다. 그러고는 각종 법을 제정해 세금을 부과하며 무역을 통제하려고 합니다.

하지만 아메리카인들은 '내 손으로 개척한 식민지에서 왜 불합리한 세금을 내야 하느냐'며 거세게 반발했고, 영국과 아메리카 식민지의 대립이 계속되다가 결국 1775년에 미국 독립전쟁이 벌어집니다.

아메리카는 조지 워싱턴을 총사령관으로 한 독립군을 조직해 독립전쟁을 벌였고, 영국을 견제하던 프랑스, 스페인, 네덜란드 등의 도움을 받아 독립전쟁에서 승리합니다. 1783년, 결국 영국은 아메리카 내 13개 식민지의 독립을 승인했고, 아메리카는 미국이라는 국가로 독립합니다.

이제 영국의 손에서 벗어난 미국은 본격적인 발전을 꾀했습니다. 이를 위해 가장 먼저 해야 할 일은 미시시피강을 확보하는 일이었습니다. 미시시피강은 미 대륙의 남북을 잇는 중요한 수로로, 이곳을 확보해야 미국 경제가 남북으로 뻗어 나갈 수 있었습니다. 그러려면 이곳을 관리할 수 있는 도시인 뉴올리언스가 필요했죠.

하지만 당시 뉴올리언스는 프랑스 식민지였습니다. 그래서 미국은 프랑스에 접근해 이렇게 말할 수밖에 없

델라웨어강을 건너는 워싱턴

었죠.

미국　　저… 혹시 뉴올리언스를 저희에게 팔 생각이 있나요?

그런데 어느 나라가 영토를 돈 받고 팔겠어요. 가능성은 희박

했습니다. 그러나 이 제안을 받은 당시 프랑스 지도자 나폴레옹은 역으로 기상천외한 제안을 합니다.

프랑스   흠… 그보다 뉴올리언스와 프랑스 식민지 루이지애나를 통째로 사는 게 어떻겠소?

루이지애나는 210만km^2(한반도의 9.7배)에 달하는 땅으로, 프랑스가 차지하고 있던 미국 대륙 내 거대한 식민지였습니다. 뉴올리언스만 사려고 했는데 루이지애나까지 구매 제안을 받은 것은, 마치 고구마 한 묶음을 사려다가 고구마 농장을 통째로 넘겨받는 수준의 파격 제안이었죠. 당시 나폴레옹은 관리가 어려운 루이지애나를 적당히 돈 받고 파는 게 이득이라고 여긴 것입니다. 이에 미국 대표단은 '웬 떡이냐!' 하고 1803년에 나폴레옹의 제안에 수락했고, 미국의 영토는 단숨에 2배가 됐습니다.

합법과 불법을 가리지 않은 끝없는 도전

　서부에 생긴 새로운 거대 영토. 이제 미국은 그 땅을 개척할 차례였습니다. 이때부터 미국인은 서부 개척을 위해 나아갔고, 점차 루이지애나에는 미국인들의 정착촌이 널리 세워졌죠. 그런데 루이지애나가 얼추 개척되고 나자, 이제부터는 미국이 욕심을 냅니다. 그 너머의 땅까지 원하게 된 것이죠.

　개척 정신이 지나치게 뛰어났던 미국인들은 점차 루이지애나의 경계를 넘어가 경작하기 시작했습니다. 문제는 그 너머가 멕시코 영토였다는 거예요. 미국인들은 아랑곳하지 않고 멕시코 땅이었던 텍사스, 캘리포니아 등지에 정착합니다. 그러자 멕시코는 군대를 동원해 미국인의 이주를 막으려 합니다. 하지만 압도적인 인구가 텍사스에 이주하는 인해전술로, 결과적으로 멕시코 땅이었던 텍사스가 1845년, 미국에 편입됩니다.

멕시코는 거세게 반발했습니다. 그러나 미국은 반대로 이렇게 생각하게 됐죠.

미국   어, 이런 식으로 텍사스를 얻을 수 있네? 그렇다면 멕시코의 다른 땅도 뺏을 수 있겠는데?

결국 미국과 멕시코는 전쟁을 벌입니다. 하지만 멕시코는 미국의 적수가 되지 못했습니다. 당시 '아메리칸드림' 열풍이 거세게 불던 시절이었기에 수많은 이민자가 몰려든 미국은 인구 2,300만 명에 육박했지만, 멕시코 인구는 800만 명뿐이었거든요.

그 덕에 전쟁에서 가뿐하게 승리한 미국은 오리건에서 텍사스에 이르는 광대한 영토를 차지합니다. 그렇게 1800년대 중반에 미국은 현재와 거의 일치하는 수준의 영토를 차지합니다.

이제 미국이 할 일은 단 하나였습니다. 자신의 영토를 모조리 개발하는 것이었죠. 그들은 아직 유럽인의 손이 닿지 않고, 원주민 문화가 남아 있던 서부 황무지로 영토를 확장하기 시작합니다. 서부 개척 시대가 열린 것이죠.

이 시기에 캘리포니아에서 금광이 발견됐고, 새로운 기회의 땅으로 대규모의 이주가 진행됐으며, 철도도 건설됐습니다. 운하와 대륙 횡단 철도가 깔리면서 거점 도시들이 세워졌고, 대도시가 들어섰습니다. 수로와 철도로 전국이 연결되니 미국은 급성장하기 시작했고, 정부는 발전을 촉진하는 법을 연달아 내놓았습니다. 철도 개발을 촉진하기 위해 철도 건설사에 철길 양옆 일정 부분의 땅을 넘겨 이익을 안겼고, 서부에서 농사를 짓는 사람들에게는 땅을 싼값에 살 수 있도록 했습니다. 성장에 박차를 가한 것이죠.

그렇게 독립 직전에 270만 명이었던 미국의 인구는 85년 뒤

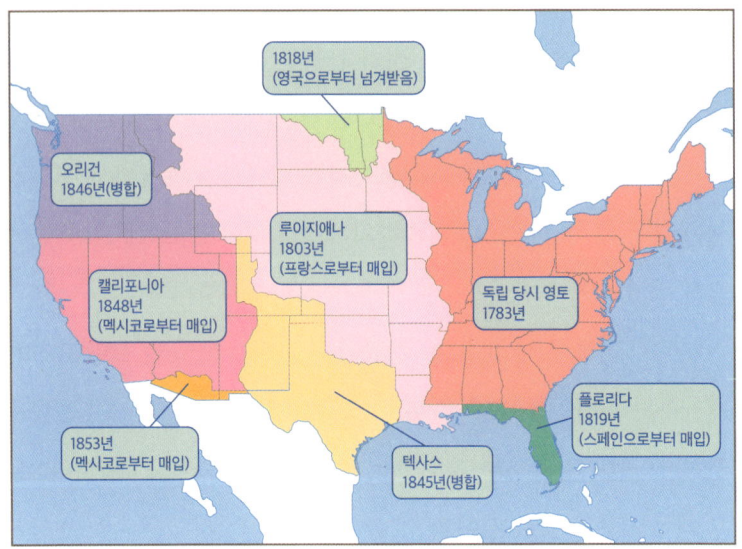

1800년대 중반 미국의 영토 확장

인 1860년에는 3,100만 명에 달했습니다. 인구가 폭발하니 경제도 엄청난 속도로 발전했습니다. 하지만 남부러울 것 없었던 미국에도 두려운 것이 있었으니, 다름 아닌 분열이었죠.

마지막 개척의 위기, 미국의 분열?

광활한 대륙을 남김없이 활용하기 위해서는 국가가 절대 분열되면 안 됩니다. 그런데 미국 역사에서도 분열의 위기가 있었으니, 바로 남북 전쟁이었습니다. 이름 그대로 미국이 남과 북으로 나뉘어 벌인 전쟁으로, 그 발단은 '노예제도'였습니다.

    1800년대 당시 미국 남부는 면화 생산이, 북부는 공업이 주력 산업이었습니다. 이때 남부에서는 면화 생산을 위해 목화를 딸 흑인 노예들이 필요했습니다. 그래서 남부는 노예제를 적극적으로 활용했지만, 공업 중심이던 북부는 비인간적으로 여겨졌던 노예제에 반대했죠. 이 때문에 남부와 북부의 갈등이 극단으로 치달으면서 결국 남부는 1860년 미연방을 탈퇴하고, 이듬해 남부 연합을 만듭니다. 그럼 이대로 미국이 분열됐을까요?

    미국 역사상 가장 칭송받는 대통령 에이브러햄 링컨이 바로 이 시기의 대통령이었습니다. 그는 남부를 최대한 포용하려 애썼지만, 그 모든 것이 실패한다면 무력으로라도 미국을 하나로 합쳐야 한다고 생각했습니다. 결국 남부와 북부는 타협에 실패했고, 이듬해에 끝내 남북전쟁을 벌였습니다.

전쟁 끝에 북부가 승리하면서 다시 하나의 미국이 됐습니다. 만일 링컨이 아니었다면 미국은 분열될 수도 있었고, 그랬다면 지금의 초강대국은 탄생하지 못했을 것입니다. 그래서 미국인들이 링컨을 그토록 사랑하는 것이죠.

큰 위기를 봉합한 미국은 발전을 이어갔고, 가장 서쪽인 태평양 해안가 지역까지 남은 서부 지역을 모두 개척했습니다. 또 남북

미국의 제16대 대통령 에이브러햄 링컨

전쟁 직후에는 알래스카를 돈 주고 사라는 러시아의 제안에 응하면서, 알래스카까지 미국 영토에 편입됩니다.

영토와 인구 모두 어마어마하게 팽창한 미국은 이제 다음 단계로 건너갑니다. 바로 제국주의 열강으로서의 진입이었죠.

신의 한 수가 된 유럽의 전쟁

당시 세계는 제국주의 광풍에 휩싸여 강한 나라가 다른 약한 나라들을 식민지로 만들고 있었고, 미국도 이에 동참했습니다. 미국은 1898년 스페인과 전쟁을 벌여 괌과 필리핀, 푸에르토리코를 차지했습니다. 이후 1905년 러일전쟁 중에 필리핀 식민지화를 일본이 인정해주는 대신 일본의 조선 지배를 승인하는 가쓰라·태프트 협정을 체결하기도 합니다.

그러나 1900년대 초까지도 미국은 사실 동네 대장 정도였지, 초강대국과는 거리가 멀었습니다. 그때까지 세계의 주도권은 아직 유럽에 있어 미국이 힘을 제대로 드러낼 기회가 없었기 때문이죠. 그런데 1910년대에 진입하고, 제1차 세계대전이 벌어지자 상황이 급변합니다.

제1차 세계대전은 제국주의 팽창 속에서 영국, 프랑스 같은 기존 강대국들이 서로 식민지 경쟁을 벌이던 중 뒤늦게 부상한 독일 등 신흥 세력이 그 경쟁에 뛰어들면서 일어난 전쟁입니다. 이 전쟁에는 산업혁명 이후 발전한 서구 열강의 모든 기술력이 집약됐죠.

그 결과, 어떻게 됐을까요? 새로 개발된 기관총, 최신형 대포 같은 살상 무기에 인구와 국토가 초토화됐습니다. 사상자만 3,800만 명에, 유럽 거점이 모조리 파괴됐죠. 아이러니하게도 이런 상황이 미국에 기회가 된 것입니다.

유럽의 공장은 완전히 초토화됐습니다. 그럼 참전국들은 어디서 물품을 구할 수 있었을까요? 바로 물자가 풍부한 미국이었죠. 유럽은 미국 공장에서 생산된 물건들을 마구 사들였습니다. 미국은 물품을 미친 듯이 수출했고, 떼돈을 벌게 됐습니다.

그런데 이때 미국은 영국과 프랑스에만 대량 수출했고, 적국이던 독일에는 수출을 거의 중단했습니다. 아무래도 영국인들이 세운 나라인 만큼 미국은 영국에 유대감이 있었고, 독립전쟁 때 도움받은 프랑스에도 호의적인 면이 있었죠.

이를 알고 분노한 독일은 무제한 잠수함 투입 작전을 펼치며, 1915년 5월 7일 미국에서 영국으로 향하던 선박 루시타니아호를 격침합니다. 이때까지 미국은 참았습니다. 그런데 곧 독일이 선을 넘습니다. 멕시코에 접근해서 "멕시코, 우리와 같이 미국을 공격하자. 그러면 차지한 미국 땅 일부를 너희에게 줄게" 하고 비밀 전보를 친 게 유출된 것입니다. 이것이 '치머만 전보 사건'으로 곧 미국에서는 전쟁 여론이 들끓었고, 미국은 참전을 선언합니다. 그리고 이 참전은 결과적으로 신의 한 수가 됩니다.

미국은 쉴 새 없이 전쟁 물자를 수출하며, 엄청난 돈을 법니다. 그리고 미국의 물자 공급이 미국·영국·프랑스 연합군의 제1차 세계대전 승리에 혁혁하게 기여하며, 미국은 독일을 꺾고 승전국이자 최강 국가로 급부상하기에 이르죠. 한편 독일은 미국의 생산력에 큰 타격을 입고, 1918년 제1차 세계대전에서 패망하고 맙니다.

미국은 승전 이외에도 얻은 게 있었습니다. 그간 유럽에 빌려준 막대한 돈으로 인해 엄청난 채권국이 됐고, 세계와 활발하게 교

미국이 제1차 세계대전에 참전하는 계기가 되는 치머만 전보

역하면서 밀려 들어온 달러를 너도나도 금으로 바꾸니 금 최다 보유국이 됐으며, 달러는 곧 파운드화와 함께 기축 통화가 됐습니다. 동시에 과학기술까지 급격히 발달하니 생산력은 더욱 증대했죠.

그로 인해 1920년대 미국은 엄청난 번영을 누렸고, 10년 사이에 국민 총생산은 40%나 증가했습니다. 제1차 세계대전 이후 미국은 즐거운 비명을 지르고 있었습니다.

과도한 번영의
후폭풍

호시절을 보내던 미국. 하지만 과도한 번영 탓이었을까요? 그다음에는 전례 없는 후폭풍이 기다리고 있었습니다.

미국의 번영은 미국 국민에게 투자 열풍을 불러일으킵니다. 많은 이가 주식과 부동산에 과도하게 투자했고, 어차피 소비자가 물건을 전부 사줄 거라는 낙관으로 공장들은 마음 놓고 과잉 생산하기 시작했죠. 과열 시장이 으레 그렇듯, 당시 사람들은 자국의 번영이 영원할 줄 알았습니다.

거품은 계속해서 부글부글 끓어올랐습니다. 이를 경계하는 목소리도 있었으나 대부분은 무시했습니다. 1929년 10월 24일, 마침내 이 거품이 한꺼번에 꺼지면서 대공황이 찾아옵니다. 하루아침에

140억 달러가 공중 분해됐고(검은 목요일), 다음 주에는 검은 화요일까지 찾아와 미국 주가는 한 달 사이 37%나 하락합니다. 모든 투자자의 돈은 휴지 조각이 됐고, 악순환이 시작됐죠.

주가가 폭락하니 대출까지 받아 투자한 투자자들은 은행에 대출금을 갚지 못했습니다. 그러자 은행이 파산했고, 기업과 공장은 문을 닫았으며, 실업자가 넘쳐나게 됐습니다. 실업자가 된 국민들은 물건을 사지 못했고, 공장에는 재고만 쌓이게 됐죠. 미국은 순식간에 절망의 땅이 됐습니다.

대공황 중 무료 급식을 받기 위해 줄지어 선 미국인들

이 위기 상황에서 대통령으로 당선된 프랭클린 루스벨트는 대공황을 해결하기 위해 뉴딜 정책을 펼쳤지만, 부분적인 성공만 거두었을 뿐 이를 해결하지는 못했습니다. 미국은 기나긴 절망에 빠져 있었죠. 하지만 그런 미국을 구원해 주는 사건이 벌어졌으니, 바로 1939년에 벌어진 제2차 세계대전이었습니다.

사실 미국만 공황인 것은 아니었습니다. 미국 대공황은 곧 미국과 긴밀하게 교역하던 전 세계로 퍼져 나가 세계적 경제 위기를 불러일으켰는데, 이때 가장 많이 피해 본 국가 중 하나가 독일이었습니다.

엄청난 규모의 전쟁 배상금으로 인해 이미 경제 상황이 좋지 않았던 패전국 독일 정부는 재정 적자 상태에 놓였습니다. 배상금 마련과 늘어난 지출을 감당하기 위해 세금을 올렸지만, 이미 산업 기반이 무너진 독일 경제 상황에서 효과는 크지 않았죠.

결국 정부는 대규모로 화폐를 발행했고, 그 결과 물가가 폭등하는 초인플레이션이 시작됐습니다. 초인플레이션이 불러온 사회 혼란과 경제적 고통 가운데 파시스트인 히틀러의 나치당이 권력을 잡았고, 나치 독일이 들어서 버립니다.

곧 히틀러는 폭주하여 1939년 폴란드를 침공함으로써 제2차 세계대전을 일으킵니다. 유럽은 대공황 이후 다시 전쟁의 소용돌이에 휩싸였고, 독일·일본·이탈리아의 추축국樞軸國과 미국·소련·영국 등의 연합국으로 나뉘어 전쟁을 시작하는데, 이것이 다시 미국에 기회가 됩니다.

영국과 프랑스는 다시 미국으로부터 물자를 공급받아야 했습니다. 미국은 영국과 프랑스를 도와 무기 대여법(제2차 세계대전 당시 미국 대통령 루스벨트가 주장한 미국의 대연합국 물자 지원 계획)을 제정해 장비와 물자를 대여, 지원합니다.

전쟁 초기에 미국은 제2차 세계대전에 참전하지 않으려고 했습니다. 괜히 유럽이 주도하는 전쟁에 끼어들었다가 골치 아픈 상황을 만들고 싶지 않았고, 애초에 미국인들은 제1차 세계대전에 참전한 것이 실수였다고 여기는 분위기였죠.

하지만 끝내 미국은 참전하게 됩니다. 그 원인은 다름 아닌 일본이었습니다. 당시 만주를 넘어 중국으로 팽창하던 일본은 동남아시아로까지 진격하기에 이릅니다. 미국은 군국주의 일본의 팽창을 우려해 석유 수출을 제한하며 압박에 나섰습니다. 90%에 가까운 석유를 미국에서 수입하던 일본으로서는 치명적인 조치였죠. 이에 궁지에 몰린 일본은 무모하게도 1941년 12월, 진주만의 미국 해군 기지를 공습했습니다. 그 악명 높은 '진주만 공습'이 그것입니다.

미국의 태평양 함대는 큰 피해를 입었고, 루스벨트 대통령은 즉각 전쟁을 선언했으며, 12월 11일 일본과 동맹이던 독일과 이탈리아도 미국에 선전포고했습니다.

미국의 참전은 추축국에 재앙이었습니다. 대공황으로 멈췄던 미국 자동차와 기계 공장은 전차, 전투기 생산 공장으로 탈바꿈해

쉴 새 없이 돌아갔고, 대부분의 전시 물품이 미국에서 만들어졌습니다. 순식간에 미국의 실업 문제는 사라졌고, 모든 물자와 인력이 총동원됐죠. 국민 총생산은 몇 년 만에 2배가량 늘어났습니다.

그 덕분에 미국은 공황에서 완전히 벗어났고, 미국의 지원을 받은 연합국의 물량 공세에 추축국의 전세는 불리해집니다. 그도 그럴 것이 미국은 디트로이트 공장 한 곳에서만 2만 대 이상의 전차를 만들어냈고, 일본을 상대할 호위 항공모함은 붕어빵 찍어내듯 1년에 50척이나 생산했습니다. 결국 나치 독일은 1945년 5월 8일에, 일본은 같은 해 8월 15일에 항복을 선언하게 됩니다.

그렇게 미국 등 연합국은 1945년에 승전했고, 제2차 세계대전으로 인해 대공황은 말끔히 해결됐습니다.

명실상부한
세계 초강대국이 되다

제2차 세계대전 이후 미국은 명실상부한 세계 초강대국이 됩니다. 독일과 일본을 동시에 상대하고 모두 이긴, 범접 불가능한 존재가 된 것이죠.

1944년 이후 달러는 세계 기축 통화가 되면서, 미국은 더 많은 이점을 누립니다. 기축 통화가 된다는 것은 세계 경제가 달러를 중심으로 돌아간다는 의미이기 때문입니다. 또 1950년대부터는 안정된 경제를 바탕으로 베이비붐이 시작되면서 인구가 늘어 주택, 학교, 공장, 공항 건설이 계속되면서 대번영을 누렸죠.

그 이후로도 미국은 베트남 전쟁 등 여러 크고 작은 위기를 겪었으나, 현재까지는 어떤 나라도 정면으로 맞설 수 없는 초강대국의 지위를 유지하고 있습니다.

이렇듯 미국은 지리적으로 최적의 위치에 자리 잡았고, 그곳에 세속적 부를 일구고 싶어 하는 근면한 사람들이 몰려와 개척했습니다. 여기에 정부가 이를 적극적으로 지원하면서 증대된 국력을 바탕으로 제1, 2차 세계대전이라는 데뷔 무대이자 성장 발판을 성공적으로 밟고 초강대국의 위치에 오를 수 있었습니다.

미국 역사의 주요 사건

16~18세기: 식민지 시대

1607년
북아메리카 최초의 영국 식민지, 제임스타운 건설

1620년
메이플라워호를 타고 온 청교도들 정착

1773년
보스턴 차 사건

19세기: 영토 확장과 내전

1803년
루이지애나 매입

1846~1848년
멕시코·미국 전쟁으로 캘리포니아·텍사스 획득

1861~1865년
남북전쟁으로 노예제 폐지

1863년
링컨, 노예 해방 선언

20세기: 세계 강국으로의 부상 및 냉전

1941~1945년
제2차 세계대전 참전, 일본에 원자폭탄 투하

1945년
UN 창립 주도, 초강대국으로의 부상

1947~1989년
소련과 대립, 한국전쟁·베트남전쟁에 참전하는 등 냉전 시대

1989~1991년
냉전 종식

18세기 후반: 독립과 건국

1775~1783년
미국 독립전쟁

1776년
독립선언서 발표

1787년
미국 헌법 제정

1789년
조지 워싱턴 초대 대통령 취임

1865년
링컨 암살 후 남북전쟁 종료

1917~1918년
제1차 세계대전 참전

1929년
대공황 시작

21세기: 현대 미국

2001년
9·11 테러 및 아프가니스탄·이라크 전쟁 시작

2008년
금융위기, 첫 흑인 대통령 버락 오바마 당선

2024년
트럼프 대통령 재선

사방이 적으로 둘러싸인 위협의 땅

바야흐로 미·중 패권 경쟁의 시대입니다. 트럼프가 재집권에 성공하면서 대결은 더 치열해질 전망이죠. 그런 요즘 더욱 주목받는 것이 바로 지정학입니다. 지정학이란, 한 국가의 지리와 그 활용에 따라서 국운이 어떻게 좌우되는지 연구하는 학문입니다. 그런데 지정학적 관점에서 중국이 미국과의 경쟁에서 불리하다는 분석이 있습니다.

중국은 자기 주변 구역을 한정해서는 강국 타이틀을 얻을 수 있지만, 미국을 이기고 세계 1위가 되기에는 치명적인 결함을 가졌다는 것입니다. 과연 어떤 점 때문에 이렇게 말하는 걸까요?

미국과의 경쟁에서
불리한 이유

국경 안보 측면에서 미국은 매우 축복받은 땅입니다. 그야말로 입지가 기막히죠. 농지 면적이나 자원의 매장량에 대해서는 앞서 언급했지만, 그뿐 아니라 안보 측면에서도 안정적입니다.

캐나다, 멕시코와 국경을 접하는데, 미국·캐나다 국경은 8,891km나 되어 병력 투입이 어렵고, 대부분 숲과 산으로 가득합니다. 애초에 미국과 캐나다는 우호적인 관계여서 전쟁 가능성은 작습니다. 남쪽 멕시코는 일찌감치 미국이 미국·멕시코 전쟁을 통해 캘리포니아, 텍사스, 네바다, 애리조나, 뉴멕시코, 유타, 콜로라도 등 영토를 획득해 군사 요충지를 상실시켰고, 국경도 서쪽으로는 사막과 바위산이, 동쪽으로는 리오그란데강이 있어 넘기 쉽지 않습니다. 국경 장벽이나 불법 이민자 등의 문제가 있다지만, 국력 차이 때문에 군사 충돌의 가능성도 희박하죠.

한편 미국의 동쪽으로는 대서양, 서쪽으로는 태평양이 뻥 뚫려 있어 자유롭게 물자를 수출할 수 있고, 반대로 미국의 적이라면 드넓은 바다를 건너야 합니다. 이렇듯 미국은 외부의 위협이 적은 상태에서 엄청난 경제 발전을 했고, 제2차 세계대전 때는 나치 독일이나 일본이 미국 본토를 공격하고 싶어도, 거대한 바다를 건너기 어려웠습니다. 사실상 본토 피해가 전무했던 미국은 파괴된 유럽을

미국(왼쪽)과 멕시코(오른쪽) 국경 장벽

제치고 초강대국이 됐죠.

반면 중국은 사방이 위협입니다. 북쪽의 러시아와는 숙명적으로 한정된 자원을 놓고 경쟁해야 합니다. 그래서 청나라 때도 러시아 제국과의 국경 마찰이 벌어졌고, 1969년에는 국경 전투까지 벌어졌습니다. 러시아·우크라이나 전쟁 이후, 두 나라가 가까워졌다지만 근본적으로는 경쟁 관계일 수밖에 없죠. 그나마 둘 사이에는

고비 사막이라는 완충지대가 있지만, 만주 방면의 국경은 여전히 잠재적 위협입니다.

중국 동쪽 국경에는 한반도가 접해 있는데, 이곳이 중국의 아킬레스건입니다. 1950년 가을, 한국전쟁 중 인천 상륙 작전을 성공시킨 한미 연합군이 북한으로 진격할 때 중국은 두려움을 느꼈습니다. 통일된 대한민국이 들어서면, 중국의 수도 베이징이 위기 상황이 되거든요. 한반도의 끝자락인 신의주에서 베이징까지는 매우 가까워서, 차로 10시간도 걸리지 않기 때문이죠.

주한미군이 주둔하는 나라와 수도 베이징이 가깝다는 것은 중국에 엄청난 위협입니다. 그런 맥락에서 마오쩌둥은 6·25 전쟁 당시, 원래 계획했던 대만 통일을 뒤로 미루고, 북한을 보호하기 위해 100만이 넘는 중공군을 파병하기도 했습니다. 그 때문에 중국은 아직도 대만을 통일하지 못하고 있지만, 이에 따른 한반도 분단도 80년 가까이 지속되고 있죠.

완충지대 역할을 하는 북한도 중국의 말을 잘 듣지 않습니다. 김일성, 김정일이 그랬고, 김정은은 시작부터 친중국 성향인 장성택 라인을 숙청하면서 권력을 잡았으니까요. 게다가 핵무기 개발에도 성공해, 중국이 통제하기 한층 어려워졌습니다.

중국 동부 해양도 문제입니다. 중국은 초강대국이 되기 위해 태평양으로 진출하는 꿈을 갖고 있지만, 대규모의 해군을 태평양으로 내보내기는 어렵습니다. 서해에는 한국이, 동중국해에는 일본이 버티고 있어, 태평양 한가운데로 나갈 길목이 차단됐기 때문이죠. 게다가 한일 양국에는 도합 8만 3,000명의 미군이 주둔하고 있어 미국의 눈치도 봐야 하고요.

더 내려와서 남부에는 중국 공산당의 풀지 못한 숙제, 대만이 있습니다. 이곳이야말로 중국 공산당의 정통성을 훼손하는, 그래서 반드시 통일해야만 하는 지역이죠. 하지만 평화통일은 실패해 가는 분위기이고, 결국 군사적 통일만이 유일한 방법인데 이를 위해서는 중국이 남중국해의 제해권을 장악해야 합니다.

그런데 남중국해는 해상 분쟁 지역으로, 대만은 물론 이해 당사자인 필리핀, 베트남이 남중국해의 항로와 해저 자원을 두고 영유권(일정한 영토에 대한 해당 국가의 관할권)을 치열하게 다투고 있습니다.

국력이 센 중국은 남중국해로 군함을 항해시키면서 힘을 과시하고 있지만, 여기에도 한계는 있습니다. 바로 미국이 중국 견제를 위해 수시로 대만, 필리핀, 베트남 등과 협력해 연합 훈련을 하기 때문이죠.

중국이 선을 강하게 넘으면 미군 협력 체제가 가동돼 대만 위협을 저지하고, 남중국해를 상당한 강도로 봉쇄할 수 있습니다. 그러면 중국은 타격을 입을 수밖에 없습니다. 미국의 군사력이 강할 뿐더러, 중국 무역량의 40%가 남중국해를 통해 지나가거든요. 그러니 중국은 언제나 위험을 떠안고 있습니다. 하지만 중국 공산당의 위신상 대만을 포기하기는 어렵습니다. 그래서 미국의 대만 보호 의지를 살피며, 호시탐탐 기회를 노리고 있습니다.

사방이 적으로 둘러싸인
위협의 땅

육지 상황은 어떨까요? 남부 육지 국경도 착잡합니다. 이곳은 동남아 3국과 접하는데, 특히 베트남이 만만치 않은 상대입니다. 같은 공산국가임에도 1979년에 전쟁을 벌인 적이 있고, 역사적으로 중국의 반대편과도 협력을 유지해 왔거든요. 그 국가들이 바로 예전에는 소련, 지금은 미국입니다.

베트남 옆 라오스는 친중 성향이며, 경제 위기를 겪고 있습니다. 그를 틈타 중국 자본이 침투해 그나마 이익을 보고 있습니다.

미얀마에도 얻을 게 있습니다. 위치상 인도양으로 나가는 귀중한 통로이기 때문입니다. 그래서 중국은 미얀마를 통해 해로를 개척하기 위해 끊임없이 구애해 왔습니다. 하지만 2021년에 벌어진 미얀마 군부 쿠데타로 인해, 통로 운영 사업은 불투명해졌죠.

중국 지도부는 꽤 머리 아픈 상태일 것이 분명한데, 사실 지금까지는 맛보기입니다. 서쪽 국경이 화룡점정이죠. 이곳에는 중국의 또 다른 아킬레스건, 두 주요 소수민족 자치구가 존재합니다. 티베트족의 서장 티베트 자치구, 그리고 위구르족의 신장 위구르 자치구입니다.

먼저 티베트 자치구 쪽 국경은 인도와 맞댑니다. 거대한 인도는 중국과 충돌이 잦고요. 1962년 중인전쟁을 시작으로, 최근까지

중국, 티베트 간의 분쟁

도 국경 유혈 사태가 벌어졌습니다. 더 복잡한 것은 인도가 티베트족과 깊이 관련돼 있다는 점이죠.

중국은 1950년 기습적으로 티베트를 침공했는데, 이때 티베트의 정신적 지주 달라이 라마가 인도에 가서 망명 정부를 세웠습니다. 인도는 이를 지금까지도 지원하고 있고, 인도와 티베트 사이는 여전히 긴밀합니다.

이것은 중국에 큰 위협입니다. 티베트에서 중국 황허강, 양쯔강 등 수많은 강이 발원하기 때문입니다. 14억 인구로 만성적 물 부족에 시달리는 중국에 티베트 수자원은 필수적이죠. 그래서 중국 공산당은 티베트가 중국에서 떨어져 나가는 상황을 두려워합니다. 인도와 티베트가 긴밀하니, 그런 시나리오가 현실화된다면 인도가 티베트 수자원에 개입할 확률도 높습니다. 만약 인도가 티베트 상류의 댐을 막기라도 하면 중국은 위기에 처할 겁니다.

티베트에 물이 달렸다면, 그 위 신장 위구르 자치구에는 국가 안보가 달렸습니다. 이쪽 국경 지역은 혼돈 그 자체죠. 각종 이슬람 '스탄' 국가들, 심지어 극단주의 아프가니스탄까지 국경을 맞댑니다. 이 지역이 이슬람 세력을 막아줄 마지막 방파제입니다.

문제는 신장의 주요 소수민족 위구르족이 모슬렘(이슬람교를 믿는 사람들을 통칭)이라는 점입니다. 청나라 때부터도 위구르 모슬렘은 끊임없이 반란을 일으켰고, 최근까지도 대규모 유혈 시위가 있었습니다. 그래서 중국 공산당이 강력히 탄압을 유지해 왔지만,

조금만 느슨해져도 위구르족은 언제든 이슬람 세력과 연계할 가능성이 있습니다. 가능성은 낮지만, 자칫 21세기에 '위구리스탄'이 세워질 수도 있는 것이죠.

만약 그런 일이 벌어진다면 이슬람 세력이 중국 본토를 향해 쏟아져 올 텐데, 그러면 하서회랑河西回廊(중국 서역에서 대도시로 연결되는 사실상 유일한 통로)을 통해 중국의 심장부로 향하는 길이 열립니다.

이렇게 중국은 지정학적으로 사방이 적입니다. 이 모든 걸 관리하는 비용은 절대 공개되지 않겠지만, 막대하리라는 예측만큼은 가능합니다. 상대적으로 미국은 국경 지역이 더 안정적이기에 비용을 줄일 수 있겠지요.

외부 위협만큼이나
심각한 내부 분열

이처럼 중국에는 대외적인 위협이 존재하지만, 사실 이는 약과입니다. 내부 분열도 이 못지않게 심각하거든요.

중국은 동서 간 격차가 매우 큽니다. 지정학적으로 동쪽은 해안인 데다 평야가 많아서 중국 인구의 약 94%가 거주합니다. 반면 서쪽에는 험준한 산맥이 많습니다. 이 지역의 해발 고도는 기본이

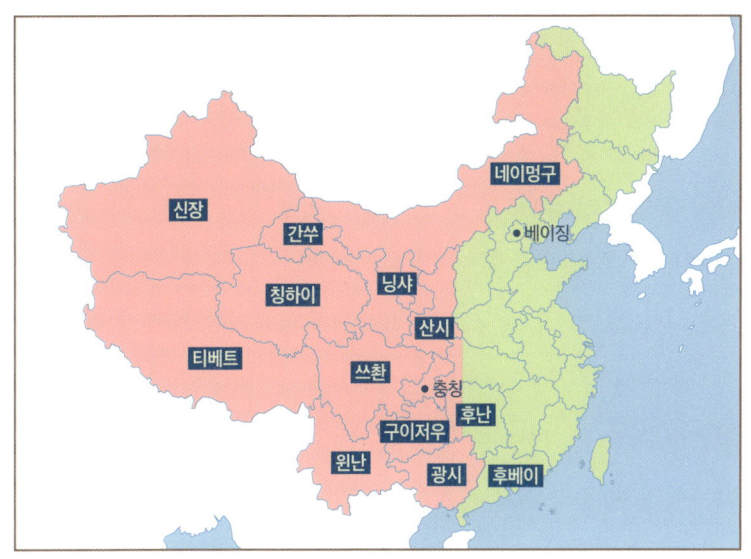

동부와 서부로 나뉜 중국

1,000m죠. 티베트에는 고도 8,000m가 넘는 봉우리도 많습니다. 그래서 서부에는 인구의 6% 정도만이 살고 있죠.

중국 공산당은 이를 해결하려고 서부 대개발에 엄청난 자금을 들여 철도와 도로를 건설했지만, 성과는 제한적이었습니다. 개발 덕분에 서부의 임금이 조금 올랐다지만, 대도시와 일자리는 여전히 동부에 몰려 있습니다. 그 결과, 서부에서 동부로의 인구 유출이 계속되고 있죠.

동부라고 안정적인 것만도 아닙니다. 이 지역은 크게 화북, 화중, 화남 세 지역으로 나뉘는데, 기후, 지형, 문화가 서로 달라서 고대에는 각기 다른 지역에 따로 살 정도였어요. 분열 가능성이 항상 내재돼 있습니다.

이는 미국과 대비되는 현상입니다. 물론 미국도 동서 지형 격차가 없진 않습니다. 동부와 달리 서부에는 평균 해발 고도가 2,000~3,000m에 달하는 로키산맥이 있어, 동서 교류를 상당히 방해합니다. 그런데도 미국은 동서 인구의 비율이 고른 편입니다.

동부에 약 2억 2,000만 명, 서부에 약 1억 2,000만 명이 살고 있는데, 높은 로키산맥이 동서를 가로막지만 넘을 수 있는 고개와 계곡이 넓어 중국 서부 험지만큼 접근성이 낮지 않고, 서부 해안은 드넓은 태평양과 접합니다. 그래서 시애틀, 샌프란시스코, 로스앤젤레스 같은 항구 대도시가 즐비하며, 캘리포니아주의 GDP가 영국 국가의 GDP를 능가하죠. 한 나라의 동서 격차가 클수록 사회적 불만과 갈등이 심해지고, 국력이 더 소모됩니다.

그럼에도 역대 중국 지배층은 전 영토를 하나로 묶겠다는 목표를 늘 가져왔습니다. 분열되는 순간, 권력자들은 곧 경쟁국의 위협에 시달려야 했으니까요. 그러나 중국 역사상 통일 왕조가 세워졌던 기간은 전체의 35%에 불과했습니다.

진시황의 경우, 문자, 도량형, 화폐를 통일하고 군현제까지 실시했지만, 15년 만에 나라가 멸망했습니다. 다른 왕조도 예외는 아니어서, 오히려 중국을 통일하는 것이야말로 인위적이라는 주장까지 나오고 있습니다.

문화대혁명(1966~1976)과 천안문 사태(1989)

현대 중국 공산당은 그나마 기술력을 통해 통합하려 하지만, 엄청난 비용과 희생이 따르는 일입니다. 통일 의식을 위한 검열은 기본이고, 다양성을 줄여야 하니 반동 세력도 항상 숙청해야 합니다. 문화대혁명, 천안문 사태가 대표적인 사례죠. 또 인민의 단결을 위해 '중국몽(중화민족의 위대한 부흥을 목표로 하는 중국의 집단적 꿈이자 국가 비전)' 같은 어젠다로 외세를 적으로 돌려야 합니다.

반면 미국은 국토의 상당 부분이 미시시피강의 수로 망을 통해 촘촘히 연결됩니다. 큰 강과 작은 지류가 마치 혈관처럼 뻗어 있는 데다, 미국의 핵심 요충지와도 모두 연결되죠. 그러니 국가가 나서지 않아도, 서로 자발적으로 교류할 지리적 원동력이 있습니다.

게다가 통합적이면서도 각 주의 특색을 잃지 않았죠. 그 덕분에 할리우드, 실리콘밸리, 월스트리트 등 매력적인 도시들이 생겨났고, 정보·문화·예술에 기반한 소프트 파워도 세계 1위입니다. 과도하게 많은 검열과 통제가 존재하는 중국과 상대적으로 대비되는 점이죠.

하지만 중국은 권위적인 행보를 멈추기 어렵습니다. 통합을 위해서는 공산당의 권위가 중요하기 때문입니다. 이를 위해서는 '경제 성장'이 핵심이었지만, 10%대 고성장을 달성한 후로는 중국인들의 기대치가 매우 높아진 데다, 시진핑 시기 경기 침체까지 찾아오면서 더욱 강력한 조치가 필요한 실정입니다.

바닷길이 막히는 순간
생길 수 있는 위험들

중국의 마지막 약점은 바로 미국이 에너지 공급망을 주도하고 있다는 점입니다. 중국은 14억 인구를 부양할 에너지가 절실합니다. 천연가스도 필수고, 특히 (특별한 변수가 없다면) 석유 없이는 세 달가량밖에 못 버팁니다. 문제는 중국이 대부분의 에너지를 수입한다는 점입니다.

말라카 해협을 지나는 원유 수송로

특히 석유의 80%, 천연가스의 절반가량을 바다로 수입한다고 알려졌는데, 중동에서 중국 동부 해안까지 수송하려면 반드시 말라카 해협을 거쳐야 합니다.

현재 인도네시아, 말레이시아, 싱가포르가 관리 중인 이곳은 봉쇄당하기 쉽습니다. 동남아 3국이 관리한다지만, 사실상 관리 주도자는 미국이거든요. 미국이 마음먹었다면 이곳을 장악했을 가능성이 높습니다. 하지만 국제 관계를 고려해서 함께 관리하는 방식을 채택한 후, 미국 제7함대의 항공모함이 싱가포르에 주기적으로 방문하고 있습니다. 미국이 봉쇄할 의지만 있다면 못할 게 없는 상황인 거죠.

반면 미국은 일찌감치 알래스카, 푸에르토리코, 하와이 등을 영향권으로 확보해서 해상 장애물을 제거한 상태입니다. 그것까지 갈 것도 없이, 미국은 자원을 자급자족할 수 있습니다. 미국 셰일층에서 천연가스와 석유를 대량 생산하게 된 '셰일 혁명'이 일어나면서, 석유를 중동에 의존할 필요성이 줄었습니다. 최근에는 석유 수출량이 수입량을 넘어섰을 정도입니다. 철광석, 석탄은 말할 것도 없어서 미국의 수입 의존도는 GDP의 15%를 넘은 적이 없습니다.

이것이 불만스러운 중국은 말라카 해협을 우회하기 위해 새로운 공급로 확보에 박차를 가하고 있습니다. 바로 미얀마와 파키스탄을 통한 육상 송유관 개척입니다.

하지만 파키스탄의 경우, 건설해야 할 송유관 길이만 수천km

에 달해 막대한 건설비와 관리비가 듭니다. 설령 공급로를 깐다고 해도 반중국 소수민족에 의한 테러 위험이 있죠. 파키스탄에 송유관을 건설하려면 신장을 경유해야 하는데, 위구르 모슬렘 지하 조직이 가만둘 리 없고요. 미얀마에도 대규모 수송관을 건설했지만 미얀마 군부 쿠데타로 원활한 가동이 어려워졌습니다. 마지막으로 태국 쪽에 운하(통칭 크라 운하)를 건설하려고 해도, 천문학적인 건설 비용 탓에 만만치가 않습니다.

지정학적 한계를 극복하기 위한
끊임없는 시도

하지만 중국은 끊임없이 지정학적 한계를 극복하고자 합니다. 2013년 시진핑 주석이 제창한 '일대일로' 사업이 대표적이죠. 쉽게 말해, 중국 주도의 '신新 실크로드 전략 구상'으로 자원 공급망을 안정화하겠다는 사업입니다.

중국에서 시작해 중앙아시아, 러시아 등을 관통해 유럽으로 이어지는 실크로드 경제 벨트를 일대一帶, One belt, 중국 연안에서 동남아시아, 인도양을 경유해서 유럽으로 향하는 해상 실크로드를 일로一路, One road라고 부릅니다.

그중 일대, 즉 육지 공급망을 뚫어서 석유를 수혈하려고 하고 있지만, 이에 대해 국제사회가 흔쾌히 협조하고 있지는 않습니다. 왜냐하면 중국이 대상국에 막대한 돈을 빌려주면서 인프라를 건설하는데, 정작 그 인프라 건설 계약을 중국 기업이 따낼 뿐 아니라 대상 국가가 건설비만큼 이윤을 창출하지 못하면, 이는 채무가 돼 중국이 그 인프라를 잠식해 버리기 때문이죠. 키르기스스탄의 경우 실제로 이러한 일이 벌어져, 현재 대외 부채 40% 이상이 차이나머니입니다.

한편 일로는 해양 영향권을 확보하기 위한 노력입니다. 말라카 해협 리스크를 해결하고자 중국은 전 세계에 해군 거점을 건설하고, 바다 제패를 꿈꿉니다. 그를 위해 지부티, 파키스탄, 스리랑카 등에 거액을 빌려주어 항구를 지었습니다. 지어진 곳은 모두 석유 공급망이 지나가는 알토란 같은 지역이죠.

그런데 이를 미국이 두고 볼 리가 없습니다. 미국은 동맹국과 연합하여 미국, 인도, 일본, 호주 연합인 쿼드Quad, 미국, 영국, 호주 연합인 오커스AUKUS 등으로 중국을 강력하게 포위하고 있습니다. 또 각 나라와 협력하여 군사·경제적으로 중국을 압박하고 있으며, 이 압박을 이겨내기란 쉽지 않아 보입니다.

중국 공산당은 이를 극복하기 위해 은밀한 전략도 시도하고 있습니다. 바로 '눈에 보이지 않는 분야에 대한 전쟁'으로, 중국이 군사적 전투 이외에 눈에 보이지 않는 사이버전, 여론전, 정치전 등으로 타국에 영향력을 확장하려는 전략입니다. 2020년대 들어 이러한 사실이 수면 위에 오르면서, 이제 전장은 현실뿐 아니라 사이버 세계, 심지어 세계 각국 국민의 정신세계로 확장되고 있는 상황입니다.

과연 중국은 이 많은 불리함을 딛고 미국과 어깨를 나란히 하게 될까요? 중국 공산당도 이 상황을 충분히 인지하고 있을 텐데, 앞으로 어떤 방식으로 문제를 해결해 나갈까요?

영원한 승자도, 영원한 패자도 없는 세계 질서 가운데, 어떤 나라가 어떤 방식으로 미래의 패권을 쥐게 될지 상상해 본다면 역사를 관통하는 통찰력이 더욱 선명해질 것입니다.

미국과 중국 역사 비교 연표

THE UNITED STATES

1607년
첫 영국 식민지 제임스타운 건설

1776년
독립선언, 미국 탄생

1787년
미국 헌법 제정

↑ 미국

↓ 중국

기원전 221년
진(秦)나라 통일, 중앙집권 제국 시작

기원전 206년
한(漢) 제국 시작, 실크로드 개척

618년
당(唐) 건국, 문화·교류 황금기

960년
송(宋) 건국, 과학·상업 발전

1271년
원(元, 몽골) 건국

1368년
명(明) 건국

1644년
청(淸) 건국, 이후 서양 열강의 침략을 받음

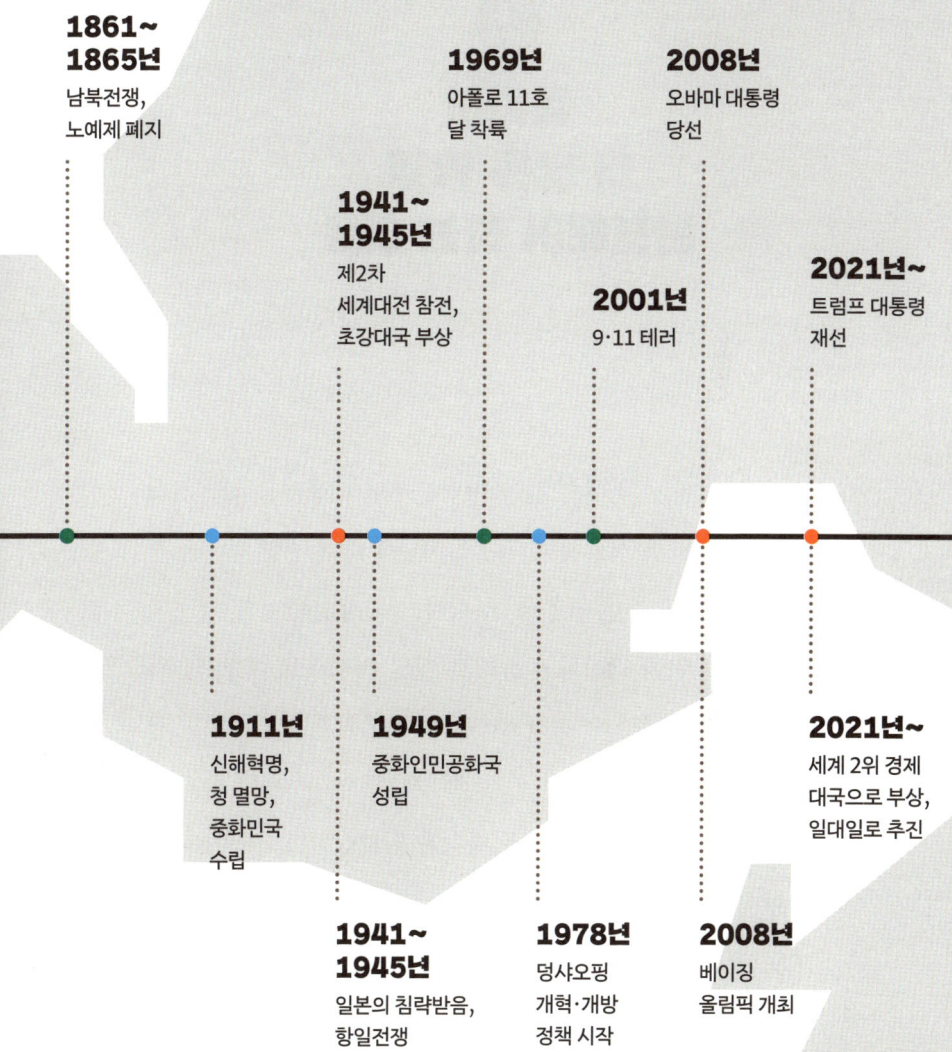

CHINA

• 러시아 •

끝없이 더 많은 땅을 확보해야 하는 이유

2022년 2월 24일, 러시아의 블라디미르 푸틴 대통령은 갑작스럽게 '특별 군사 작전'을 선언하며, 우크라이나에 대한 전면 침공을 개시했습니다. 초유의 전면 침공에 전 세계는 크게 놀랐지만, 당시에는 전쟁이 며칠 안에 러시아의 승리로 끝날 것이라고 예상했습니다. 그러나 현실은 달랐죠. 전쟁 4년 차에 가까워진 현재까지도 전쟁은 끝나지 않았습니다.

    시간이 지날수록 러시아는 큰 타격을 입었습니다. 군인 100만 명 이상이 죽거나 부상당했고, 한 해에 국가 GDP의 무려 7% 정도를 군비로 쏟고 있습니다(2024년 기준). 기초 체력과 정신력이 강한 러시아이기에 버티고 있는 것이지, 다른 나라였다면 일찌감치 전쟁을 중단했을 것입니다. 하지만 러시아는 절대 물러서지 않겠다며, 전쟁을 끝내지 않고 있습니다. 도대체 그 이유는 무엇일까요?

일단 전쟁에서 지면 푸틴은 실각할 위기에 처하고, 러시아의 피해가 크니 어떻게든 이겨야 본전이라는 이유가 이미 잘 알려져 있죠. 맞는 말입니다. 하지만 이보다 더 근본적인 이유가 있습니다. 바로 러시아가 전쟁에서 지면, 국가 자체가 다시 강해지기 어려워질지 모른다는 위기감 때문입니다. 심지어 우크라이나에 패배하면, 삼류 국가로 전락할지 모른다고 우려하는 러시아인도 있죠.

우크라이나의 영토와 국제적 위상이 러시아에 비해 훨씬 작은데, 이 전쟁에 진다고 러시아가 그런 위기에 처할까요? 우크라이나가 러시아에 그렇게나 중요한 존재일까요? 결론부터 말하면, 그렇습니다. 이를 이해하려면 러시아의 역사를 살펴봐야 합니다.

러시아는 왜 언제나 더 많은 완충지를 원했을까?

러시아의 역사는 '완충지 확보'의 역사라고 볼 수 있습니다. 그들은 항상 더 많은 완충지, 즉 안전지대가 되어줄 땅을 원했고 끝없이 영토를 팽창했기 때문이죠.

때는 1263년, 러시아 제국의 전신인 모스크바 대공국이 탄생

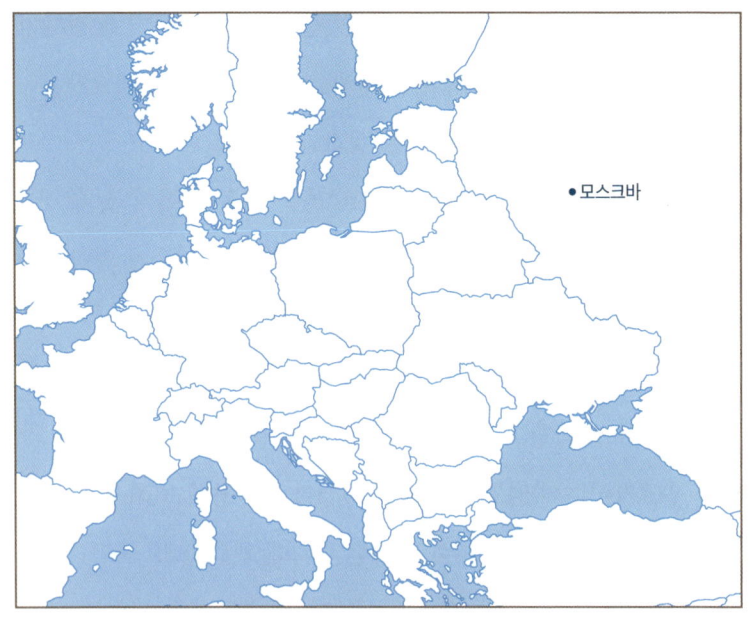
러시아의 수도 모스크바의 입지 환경

했습니다. 몽골의 지배를 받던 모스크바 대공국은 1480년 우그라 강 대치 이후 독립을 이루었습니다. 모스크바 대공 이반 3세가 '차르(황제 또는 군주)' 칭호를 선포하며 모스크바 대공국은 강력한 국가를 꿈꾸게 됐습니다.

그런데 대대로 차르들은 곤혹스럽지 않을 수 없었으니, 국가 운영 난도가 지나치게 높았기 때문입니다. 바로 수도인 모스크바의 위치 때문이었죠.

어떤 국가든 가장 철저히 방어해야 하는 곳이 수도입니다. 그런데 모스크바는 드넓은 평야 한복판에 있어 방어하기 매우 어려운 지역이었죠. 우리나라 도시 주변에는 산이 있어 지형을 활용해 적의 침입을 막은 경우가 많지만, 모스크바는 산은커녕 주변이 끝없는 평야 지역이고, 평균 고도는 150m가 채 안 되는 평원 그 자체였습니다. 한마디로 외적이 침입하면 쾌속으로 밀린다는 뜻이었죠. 실제로 모스크바는 몽골제국, 폴란드, 크림한국(13세기에 몽골족이 크림반도를 중심으로 세운 왕조)에 의해 침략당한 적이 있습니다.

하지만 그렇다고 수도를 지키지 않을 수는 없었죠. 그들은 머리를 싸매며 고민하다, 유일한 선택지를 깨닫습니다.

러시아 하… 평야라 방어하기가 진짜 어렵네. 어쩔 수 없이 플랜B로 간다. 모스크바를 지키려면… 모스크바에서 우리 국경이 가능한 한 멀어지도록 완충지대를 최대한 많이 확보하자!

바로 완충지 확보, 즉 오히려 팽창하는 것이었죠! 외적의 침공을 지연시킬 땅, 즉 완충지를 많이 확보하면 적이 쳐들어와도 모스크바까지 도달하는 데 시간이 오래 걸립니다. 그럼 최소한 수도를 방어할 시간은 벌 수 있죠. 군수물자를 전선에서 멀찍이 옮길 공간도 확보되고요. 이들은 생존을 위해 오히려 확장할 수밖에 없었습니다. 이 아이러니한 전략을 '방어적 팽창'이라고 부릅니다.

끝없는 개척으로 인한 러시아 제국의 최대 강역

    이 결심을 한 이후부터 러시아는 미친 듯이 정복 전쟁을 벌여서 완충지를 확보합니다. 결국 러시아 제국(1721~1917) 때는 최대 강역을 확보했는데, 이때 완충지대로서 우크라이나까지 확보하는 데 이릅니다.

    하지만 확장한 모스크바도 여전히 취약했어요. 19세기에는 프랑스의 나폴레옹에게 모스크바를 함락당했고, 소련이 들어선 이후에도 나치 독일이 모스크바 코앞까지 쳐들어온 적이 있기 때문입니다. 완충지를 확보해도 위험하니 러시아인들은 절망할 만도 했지요. 그러나 그들은 오히려 이렇게 생각했습니다.

러시아   땅을 먹어도 먹어도 위험하네…. 그럼 더 먹자!

러시아는 더더욱 팽창했고, 결국 제2차 세계대전 이후 소련의 최전성기에 이르렀을 때 판도는 어마어마하게 넓어집니다. 전쟁의 승리로 얻은 영향력과 군사력으로 주변국을 압박해서, 모두 자국의 영향권으로 편입한 것입니다.

이때 소련의 위엄은 엄청나서, 모스크바 동쪽은 시베리아로 막고 중앙아시아의 '스탄' 국가들을 죄다 자신의 영향권으로 편입해 완충지로 삼습니다. 그뿐 아니라 남쪽으로는 캅카스산맥과 그 너머 조지아, 아르메니아, 아제르바이잔까지 영향권에 넣었죠. 무엇보다 가장 중요한 서쪽의 완충지도 끝내 많이 확보했습니다. 수많은 동유럽 국가를 압박해 위성국화하여, 완충지로 삼은 것이죠.

물론 모스크바 방어만을 위해 팽창한 것은 아니었습니다. 모스크바 외에도 러시아에는 상트페테르부르크 등 많은 중요 거점이 있었습니다. 땅을 최대한 넓히면, 수도 외 다른 주요 도시에도 완충지를 확보할 수 있고, 외교적 영향력도 커집니다. 모스크바 중심이던 작은 세력이 안전을 위해 점점 커지다 보니, 어느새 호랑이 등에 올라탄 것처럼 팽창을 멈출 수 없게 된 것입니다.

특히 서쪽 지역이 전략적으로 중요했는데, 이곳에는 프랑스, 독일, 폴란드가 자리한 유럽 대평원이라는 기다란 평원이 존재합니다. 해당 나라는 모두 모스크바를 침공한 과거가 있죠. 하지만 이제 소련은 완충지로 그곳마저 틀어막는 데 성공했습니다.

우크라이나는
왜 러시아에 특별한 지역일까?

그런데 이 완충지 중 소련이 가장 애지중지한 곳이 바로 우크라이나였습니다. 먼저 러시아 서부에서 보기 드문 '산맥'이 있었기 때문입니다. 최고봉이 2,655m인 카르파티아산맥으로, 이 산악지대가 우크라이나 영토를 지납니다.

 이는 러시아에 거의 없는 천연 방어벽으로, 지형을 활용해 이곳을 요새화하면 모스크바를 튼튼히 방비할 수 있고, 여차하면 산맥을 넘어가서 적을 칠 수도 있다고 판단한 것입니다. 또 카르파티아산맥 주변 지역은 중부 유럽과 동부 유럽을 연결하는 핵심지여서, 주변 다른 동유럽 국가로 진출하기 위한 필수 통로이기도 했죠.

 게다가 우크라이나는 세계 3대 곡창지대 중 하나로 토지가 매우 비옥하며, 남쪽으로는 따뜻한 바다인 흑해로 나갈 수 있는 요충지여서 러시아에는 황금알 낳는 거위나 다름없었습니다. 그래서 소련 지도자들은 우크라이나를 영구히 관할할 수 있을 거라 믿으며, 땅을 떼어주기까지 했습니다.

니키타 흐루쇼프 (당시 소련 지도자)	우크라이나는 매우 중요한 땅이니, 우크라이나 행정구역에 크림반도와 우크라이나 옆의 땅 일부까지 포함해 주자. 그럼 관리도 쉽고 정치

적 효과도 있을 것 아니겠어? 어차피 우크라이나는 영원히 우리 영토일 텐데, 땅이 어디 도망갈 수도 없고 말이야.

러시아인들은 냉전 시절의 패권이 영원할 줄 알았습니다. 그러나 1991년, 그 믿음은 산산이 무너졌습니다. 공산주의라는 체제의 한계를 버텨내지 못한 소련이 붕괴된 것이죠. 이는 러시아인에게 재앙이나 다름없었습니다.

애써 쌓아온 완충 국가들이 잇달아 독립하기 시작했고, 완충지대가 사라지자 모스크바에 다시 위기가 찾아왔습니다. 우크라이나도 이때 독립합니다.

러시아가 약해지니 기회를 엿본 세력이 있었으니, 바로 유럽이었습니다. 사실 유럽은 러시아에 유서 깊은 경계심을 갖고 있었습니다. 러시아가 계속해서 팽창하던 시기, 당연히 유럽은 그만큼 영향력을 잃었습니다. 특히 러시아가 역사상 최고의 판도를 형성하던 소련 때에는, 유럽의 공포가 최고조에 달해 과거에 서로 전쟁을 벌이던 유럽 국가들조차 국제기구 나토^{NATO}(냉전 시절 소련의 위협에 대항하기 위해 만든 미국과 유럽의 국제 군사 협력체)를 조직해 똘똘 뭉칠 정도였으니까요. 소련은 이에 대응해 더욱 팽창을 추구했고, 유럽의 공포는 더 커졌죠.

그러던 소련이 해체된 것입니다. 유럽은 러시아가 약해진 시기

소련 해체 이후 철거되는 레닌 동상

를 틈타 다시 주도권을 잡기 위해, 소련에서 독립한 동유럽 국가들에 접근해 유럽 세력권으로 편입시켜 나갔습니다.

이 일을 주도했던 국제기구가 나토인데, 이들은 단 하나의 나토 회원국에 대한 공격도 전체 회원국에 대한 공격으로 간주했습니다. 즉, 일단 가입하면 안보가 든든해지는 군사 협력체였죠.

나토는 '큰형님' 미국까지 가입했으니(미국은 나토 전체 군사비의 약 70%를 부담했습니다) 유럽 내에서 가장 든든한 시스템으로 인식됐고, 러시아에 경계심을 갖던 여러 동유럽 국가들이 나토에 가입

하기 시작했습니다. 나토 가입국이 서서히 많아지자, 나토 세력 자체가 동쪽으로 진격하는 모양새가 됐고, 어느덧 우크라이나 코앞까지 다다르게 됩니다. 러시아는 당연히 펄쩍 뛰었고 분노와 위기감을 느꼈지만, 보고 있을 수밖에 없었습니다. 소련 해체의 후폭풍으로 러시아에는 정치·경제적 혼란기가 이어지고 있었기 때문입니다.

푸틴, 다시
위대한 러시아를 꿈꾸다

그러던 2000년대 초, 위기감에 찬 러시아인들의 마음에 불을 지피는 인물이 등장합니다. 바로 푸틴입니다. 푸틴은 국민들에게 이런 메시지를 전했죠.

푸틴　　국민 여러분, 우리 위대한 슬라브인이 지금 유럽 세력에 의해 이리저리 떠밀리고 있는 게 말이 됩니까? 이를 타개할 방법은 오로지 강한 군사력을 통해 힘센 러시아로 거듭나는 것뿐입니다. 저를 지지해 주면 다시 러시아를 위대하게 만들겠습니다!

러시아 연방 제3·4·6~8대 대통령 블라디미르 푸틴

    곧 푸틴은 대통령에 당선됩니다. 최고 권력자가 된 그는 먼저 러시아의 혼란상을 정비했는데, 이는 의외로 성공적이었습니다. 푸틴은 러시아의 자원을 적극 활용, 에너지(특히 천연가스)를 유럽에 수출하면서 국력을 크게 키웠기 때문입니다.

    그런 푸틴의 다음 목표는 무엇이었을까요? 당연히 강력한 러시아를 재건하는 일이었습니다. 푸틴은 이른바 '팽창적 유라시아주의'를 믿었는데, 이는 러시아가 약해진 이유가 소련이 붕괴했기 때문이라는 이론입니다. 따라서 그는 옛 소련의 영역을 러시아에 재편입해야 한다고 주장하며, 영토 탈환을 주장했습니다. 그리고 그가 보기에 이를 위한 가장 빠르고 강력한 방법은 군사력을 동원하는 일이었죠.

이리하여 푸틴은 러시아의 영향력을 조금이라도 넓힐 수 있는 전쟁에 최대한 개입하고, 군사를 보냈습니다. 제2차 체첸 전쟁(1999), 남오세티야 전쟁(2008), 나중에는 시리아 내전(2015~), 리비아 내전(2016~)에도 개입했는데, 이 군사 개입은 대체로 성공적이었으며 푸틴의 입지를 엄청나게 올려놓았습니다. 상대적으로 약한 나라에 개입해 승리한 것이죠. 이로 얻은 것도 많아서, 조지아와의 남오세티야 전쟁에서는 조지아 땅의 20%에 달하는 면적을 영향권에 편입시킬 수 있었습니다.

푸틴에 대한 국민의 지지는 폭발적이었죠. 하지만 러시아가 세력을 넓히는 와중에도 나토는 동유럽 국가들을 가입시키며 계속 동쪽으로 진격하고 있었습니다.

2008년이 되자, 나토와 러시아의 균형추가 임계점에 달하는 사건이 터집니다. 우크라이나까지 나토 가입 의사를 보인 것이죠. 푸틴은 심각한 위기감을 느꼈습니다. 우크라이나는 러시아에 남은 마지막 완충지였으니까요.

나토가 동쪽으로 팽창하고 있었지만, 아직 나토에 가입하지 않던 우크라이나는 그나마 러시아인들에게 일종의 심리적 방어막이었습니다. 그런데 이제 상황이 바뀌었죠. 만약 우크라이나가 나토에 가입한다면, 러시아는 나토와 국경을 맞대게 됩니다. 그러면 어떻게 될까요? 모스크바를 지킬 완충지가 사라집니다.

우크라이나로부터 모스크바까지의 거리는 불과 600km. 즉, 우크라이나 땅에 나토의 무기가 배치되면, 모스크바는 탄도 미사일의 사정권에 들어오게 되죠. 모스크바 방어가 생명인 러시아에 생존의 위협이 닥치는 셈입니다.

하지만 더 중요한 것은, 우크라이나가 나토에 가입하면 푸틴의 '강한 러시아' 계획이 엄청나게 꼬인다는 점입니다. 소련 시절 영역까지 확장하고자 하는 러시아의 코앞에 적의 미사일이 버젓이 들어오면, 푸틴의 정책 난도도 기하급수적으로 높아질 수밖에 없으니까요.

바닷길에도 문제가 생깁니다. 특히 우크라이나의 크림반도는 흑해 중앙에 위치해, 지중해로 진출하고 싶어 하는 러시아에 있어 가장 중요한 거점입니다. 만약 우크라이나가 나토에 가입하면, 러시아는 큰 바다로 나가는 중요 거점을 잃는 것이죠. 이러한 이유로 우크라이나는 팽창하기 위해 필수적으로 밟아야 하는 징검다리였습니다.

그래서 푸틴은 늦기 전에 먼저 우크라이나에 개입하기로 합니다. 그렇게 2014년, 러시아의 우크라이나 영토 진격이라는 사상 초유의 일이 발생했습니다. 해당 지역에 사는 러시아인들을 보호하겠다는 명분이었습니다. 이때 러시아는 우크라이나의 요충지인 크림

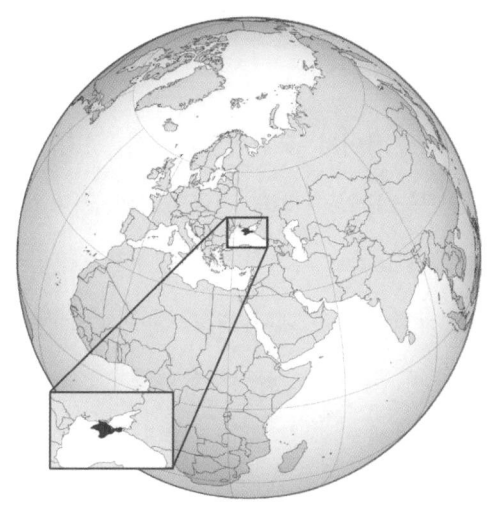

크림반도의 위치

반도를 병합하고, 우크라이나 접경 지역인 돈바스 지역까지 세력권으로 확보합니다. 즉, 이번 군사 작전도 성공적이었고, 흑해로 나가는 요충지인 크림반도에 돈바스까지 얻었으니 푸틴의 지지율은 89%에 달했죠.

그러나 이는 오히려 역풍을 불러옵니다. 영토를 뺏긴 우크라이나에 반러시아·친유럽 열풍이 불었고, 나토 가입에 적극적으로 나섰죠.

우크라이나   저 러시아 것들이 우리 영토를 빼앗아갔다! 그냥 확 나토에 가입해 버리자!

또 한 번 위기감을 느낀 푸틴은 결국 2022년 2월에 우크라이나를 침공합니다.

이는 대단한 모험이자, 오판이었습니다. 하지만 푸틴이 희망회로를 돌릴 근거는 많았죠. 일단 지금까지의 군사 개입이 대부분 성공적이었습니다. 그리고 적국인 미국은 서브프라임 모기지 사태(2008) 이후 큰 타격을 입은 데다, 2021년에는 미군이 아프간에서 철수했고, 바이든의 리더십도 불안했습니다. 또 유럽은 당시 코로나19 팬데믹으로 인해 인플레이션으로 허덕이는 중이었기에, 우크라이나를 도울 여력이 없다고 판단한 것으로 알려져 있죠.

하지만 결과적으로 전쟁은 예상대로 흘러가지 않았습니다. 군내 부정부패도 해결되지 않은 상태에서, 빠르게 전쟁에서 승리하기 위해 하루에 수백km를 진격하겠다는 초현실적 목표를 강행한 결

러시아 장갑차가 널려 있는 우크라이나 시내

과, 초반에 승기를 잡는 데 실패하고 아직도 전쟁을 계속하고 있으니까요. 그렇다고 철수할 수도 없습니다. 그러면 우크라이나의 나토 가입이 사실상 확정되고, 옛 소련처럼 강성해지겠다는 푸틴의 원대한 꿈도 물거품이 되니 말입니다. 자, 이제 왜 러시아가 우크라이나를 침공했는지 이해가 될 것입니다.

그런데 한 가지 더 중요한 이유가 있습니다. 이 전쟁에서 지면, 러시아를 하나로 유지하는 구심점이 약해질 수 있다는 점입니다.

사실 러시아의 공식 명칭은 '러시아 연방'입니다. 러시아 연방은 다수의 공화국과 연방 직할구 등 89개의 구성 주체로 이루어진 여러 집단의 공동체입니다. 이렇게 구성원이 많으니, 당연히 공화국과 러시아 간의 크고 작은 갈등이 존재하겠죠. 문제는 러시아가 약해지면 독립을 외칠 공화국도 꽤 존재한다는 점입니다. 그래서 러시아 연방은 하나의 단일체가 아니라 '느리게 진행되는 통제된 붕괴'라고 불리기도 합니다.

러시아가 전쟁에서 지면 이러한 연방 통제력에 문제가 생길 수 있고, 그만큼 푸틴이 실각할 확률도 높아집니다. 푸틴이 실각하면 최악의 경우 러시아에서는 치열한 권력 투쟁이 벌어지면서, 수많은 공화국이 독립을 선언할 가능성도 있습니다. 러시아 연방이 해체되고 순식간에 수십 개의 새로운 국가가 탄생하는 것은, 푸틴에게 상상조차 하기 싫은 시나리오겠죠.

그간 수많은 청년을 징집한 탓에 인력은 부족하고, 국민의 참을성도 점점 고갈돼 가는 이때 만약 전쟁에서 지기라도 하면 러시아는 국력을 회복하기 어려워질 것입니다. 그래서 더욱 물러설 수 없는 거죠.

러시아가 벌인
전쟁의 후폭풍

러시아가 벌인 전쟁은 세계를 급변시켰습니다. 제2차 세계대전 이후, 70년간 이어온 세계 평화에 위기가 직면했습니다. 사실 현대인이 살아온 시대는 역사상 보기 드문 평화기이기도 합니다. 양차 대전을 겪으며 전쟁의 참혹함을 깨달은 세계는 UN 등을 창설해 평화 유지에 노력했기 때문입니다.

그러나 이번 전쟁으로 평화에 대한 믿음이 깨져 버렸습니다. 특히 유럽이 큰 충격을 받았죠. 유럽에 있어 가장 위협적인 존재이자, 이전에는 소련으로 자신들을 위협했던 러시아가 친유럽을 외치는 우크라이나에 쳐들어갔으니 말입니다. 그래서 최근 유럽은 다시 안보를 강화하고 있습니다. 제1, 2차 세계대전을 일으켰던 독일까지 재무장하고 있으니 상황이 심각합니다. 그리고 미국·유럽과 중국·러시아가 대립하는 국제 질서 구도가 다시 고개를 들고 있습니다. 이미 대립의 시대가 시작됐다는 진단이 나온 지도 오래죠.

러시아가 전쟁에서 패하면, 대립의 시대는 좀 더 늦게 올지 모릅니다. 하지만 러시아가 이긴다면, 세계는 본격적인 대립 국면으로 치달을 가능성이 큽니다. 푸틴이 침략 전쟁을 일으키고도 이겼다는 걸 목격한 독재 국가들이, 전쟁으로 문제 해결을 택할 가능성이 높아질 테니까요. 유럽 역시 군비를 더욱 증강할 것이고요.

또 천문학적인 비용을 지출하고도 전쟁에서 진 미국의 위신 역시 시험대에 오를 수 있습니다. 무엇보다 우리나라도 큰 영향을 받을 수 있습니다. 역사적으로 미국의 권위가 약해졌을 때, 세계의 권위적 국가들이 더 과감하게 충돌을 일으킨 바 있기 때문이죠.

러시아의 승리를 목격한 중국이 대만 침공에 대한 자신감을 얻을 수 있습니다. 대만 침공이 현실화되면 미군이 개입할 확률이 높고, 한국에 주둔하는 주한미군 역시 투입을 피하기 어려운 만큼, 대한민국까지 소용돌이의 한복판에 빨려 들어가는 아찔한 상황이 펼쳐질 수 있습니다.

역사상 러시아같이 큰 나라가 행동에 나서면, 전 세계의 질서가 새로 쓰이는 일이 많았습니다. 어쩌면 보이지 않는 세계의 흐름이 러시아에 영향을 준 것일지도 모르겠지만요.

부디 우크라이나 전쟁만큼은 최대한 평화적인 시나리오로 마무리돼, 전 세계가 다시 전란의 소용돌이로 빨려 들어가는 일이 없기를 바랍니다.

러시아 역사의 주요 사건

9~13세기: 키이우 공국 시대

882년
키이우 공국 건국

1015년
블라디미르 사후 권력 다툼으로 여러 공국으로 분열

1240년
몽골의 지배를 받기 시작

16~17세기: 이반 뇌제 즉위·로마노프 왕조 성립

1613년
미하일 로마노프가 차르로 즉위, 로마노프 왕조 성립

1682년
표트르 대제 즉위

1721년
러시아 제국 선포

20세기 전반: 혁명과 전쟁의 시대

1917년
2월·10월 혁명으로 왕조 시대 끝나고 임시정부 수립

1922년
레닌의 지도하에 소비에트사회주의 공화국연방 수립

1941~1945년
독소전쟁 (제2차 세계대전)

1985~1991년
고르바초프가 사회주의 체제 안에서 민주화 시작

14~15세기: 모스크바 대공국의 성장

1480년
몽골 지배의 종식

1547년
최초의 차르, 이반 4세 즉위

18~19세기: 근대화와 제국 확장기

1762~1796년
예카테리나 2세 통치

1861년
농노제 폐지로 근대화 개혁 시도와 실패

1905년
러일전쟁 패배, 제1차 러시아 혁명

20세기 후반: 미국과의 냉전 경쟁 및 붕괴

21세기: 푸틴 체제

1991년
소련 해체, 15개 공화국 독립, 러시아 연방 수립

2000년~
푸틴 체제 시작. 우크라이나 등 주변국과의 갈등 심화

2장
• 전쟁 •

문명의
흐름을
바꾼
결정적 순간

독재자의
과대망상이 낳은
최악의 실수

'이탈리아군' 하면 어떤 이미지가 떠오르나요? 역사, 특히 제2차 세계대전사에 관심이 있다면 이런 이미지가 떠오를 겁니다. '못 싸우기로 유명한 군대', '당나라 군대의 유럽판.' 그렇습니다. 군사적 능력이 떨어지기로 알려져 있죠. 이를 처음 듣는다면 '어? 이상하다. 지금 이탈리아는 나름 잘 싸우는 국가 아닌가?' 할 것입니다.

　물론 이는 지금이 아닌 제2차 세계대전 시기의 이탈리아군을 일컫는 것입니다. 이때 이탈리아군은 자타 공인할 정도로 전투력이 엉망이었죠. 제2차 세계대전 중 에티오피아와 싸워서 진 적도 있고, 영국군이 기관총을 몇 발 쏘자 부대 단위로 항복한 적도 있으며, 심지어 이탈리아 보급관은 총알보다 마실 와인을 먼저 챙겼다는 일화도 있습니다. 도대체 얼마나 못 싸웠기에 세계적인 밈까지 형성된 걸까요? 이를 이해하려면 먼저 당시 이탈리아의 상황을 알아야 합니다.

무능한 왕 위의
무능한 독재자

제2차 세계대전 당시 이탈리아 왕국은, 이름만 왕국이었을 뿐 사실 왕은 물러나 있고 베니토 무솔리니라는 독재자가 통치하는 전체주의 파시즘 국가였습니다. 그는 연설가이자 군인 출신으로, 이탈리아 국왕의 눈에 들어 강력한 권력을 얻었습니다. 사실상 파시스트의 원조로, 독일의 히틀러보다도 이른 1922년부터 독재자로 군림했죠.

이렇듯 이탈리아는 독재자 한 명에 의해 좌우되는 나라였는데, 문제는 그가 매우 형편없는 지도자였다는 것입니다. 무솔리니는 엄청난 망상가로, 과거 이탈리아에 존재했던 로마 제국을 다시 건설하고 싶었습니다. 이러한 그의 사상을 '스파치오 비탈레Spazio Vitale(생존권)'라고 하는데, 해석하면 '다른 나라 땅을 빼앗아 로마의 옛 영토를 수복하고 신 로마 제국을 건설하겠다'는 뜻입니다. 이를 위해 그는 아프리카 영토의 상당 부분을 다시 차지하기로 결심했습니다.

옛 로마의 고토였으니까요. 문제는 그곳이 이미 영국과 프랑스의 식민지였다는 점이었습니다.

무솔리니　단호한 의지로 결연히 적을 박살 내면 제아무리 영국, 프랑스라도 격파할 수 있다!

하지만 이는 망상이었습니다. 당시 영국과 프랑스의 GDP는 이탈리아보다 배나 높아서 경제력 측면에서 비교가 안 됐고, 이탈리아군의 전투력도 형편없었습니다.

옛 로마 영토(AD 117)

이탈리아는 1896년에 에티오피아를 침공한 적이 있었는데, 그들은 이 전쟁에서 충격적인 패배를 맛봤습니다. 에티오피아를 얕본 이탈리아군이 장비도 제대로 안 갖추고 무리한 공격을 펼친 데다, 아프리카의 험준한 지형 때문에 식량 보급선이 제대로 연결되지 못했기 때문입니다. 이유야 어쨌든 이 패배로 이탈리아는 전 세계로부터 조롱을 당했죠. 서구 열강이 이렇게 약할 수 있느냐는 이유로 말입니다.

이탈리아가 약했던 이유로, 농업 국가였던 점을 꼽기도 합니다. 전쟁에서 이기려면 탱크나 장갑차를 만들 공업력이 필수인데, 이탈리아는 전체 노동 인구의 절반이 농업 종사자였고, 공업 종사자는 훨씬 적었습니다. 당연히 상대적으로 생산력이 원활하지 못했죠. 무솔리니는 오로지 신 로마 제국의 부활을 위해 이 허약한 군대를 성전에 투입한 것입니다.

'신 로마 고토의 회복'이라는
헛된 망상

1930년대 유럽, 히틀러가 정권을 잡고 나치 독일이 성립

프랑스 신문에 실린 제1차 이탈리아·에티오피아 전쟁의 기록화

되면서 독일은 파죽지세로 영토를 확장하고 있었습니다. 이를 본 무솔리니는 이런 생각을 합니다.

무솔리니 히틀러, 기세가 좋네? 나도 독일 편에 서서 로마를 재건해 보겠다!

그리고 제2차 세계대전이 발발했고, 독일은 곧 프랑스를 침공하죠. 이때 프랑스는 독일에 속수무책으로 밀렸는데, 무솔리니는 이를 보고 프랑스를 점령할 기회라고 여깁니다. 그러고는 제2차 세계대전에 참전합니다.

프랑스는 독일에 의해 초토화된 상태였고, 이탈리아는 약해진 프랑스군만 상대하면 되는 상황이었습니다. 그런데 31만의 이탈리아군이 프랑스를 공격했지만, 9개 사단에 불과했던 프랑스군에 대패합니다.

공업력이 받쳐주지 않았기에 이탈리아 전차는 알프스를 오르지 못했고, 추운 날씨인데도 방한 장비를 생산하지 못해 병사들은 동상에 걸립니다. 결국 이탈리아군 사상자가 3,500명에 달하는 동안, 프랑스의 사상자는 200여 명에 불과했습니다. 프랑스군의 대승이었습니다.

하지만 얼마 못 가 프랑스가 독일에 무너지는 바람에, 무솔리니는 프랑스군에 패했어도 프랑스 영토 일부를 차지할 수 있었습니다.

무솔리니　어쨌든 땅은 먹었군. 우리 신 로마의 앞날이 밝구나!

무솔리니는 곧바로 다음 작업에 착수합니다. 그는 이제 로마의 옛 고토였던 이집트를 원했는데, 곡창지대인 이집트를 얻으면 이탈리아 본토와 이탈리아령 동아프리카 식민지가 연결되기 때문이었죠.

이집트는 당시 영국 영향권에 있었는데, 우선 무솔리니는 이집트로 가는 길목에 있던 영국령의 몰타부터 점령하기로 합니다. 몰타의 방어 전력이라고는 복엽기 몇 대가 전부. 몰타의 전력을 무시한 무솔리니는 폭격기로 공습합니다. 그러나 신형 전투기를 사용한 이탈리아군은 복엽기 몇 대에 역습당하고 말았죠. 호위기도 없이 비행하다가 말입니다.

결국 공습 첫 주에 아무런 성과가 나지 않았고, 그 사이 영국에서 몰타에 최신 전투기를 지원하는 바람에 이탈리아는 몰타를 끝내 점령하지 못했습니다. 이집트는커녕 섬 하나 장악하지 못하는 것은 체면을 구기는 일이었죠. 그런데 더 황당한 건 무솔리니의 정신 승리였습니다.

무솔리니 생각해 보니 우린 이집트만 점령하면 되는 거잖아. 몰타까지 점령할 필요는 없지, 그렇고말고.

그러고는 몰타에서 손을 떼고 이집트를 침공합니다. 이집트는 위험한 상황이었습니다. 이탈리아가 병사를 무려 23만 명, 전차를 340대나 보냈고, 이때 영국도 상황이 안 좋았던 게 나치 독일이 영국 본토를 공격하던 시점이었기 때문입니다. 따라서 무솔리니는 영

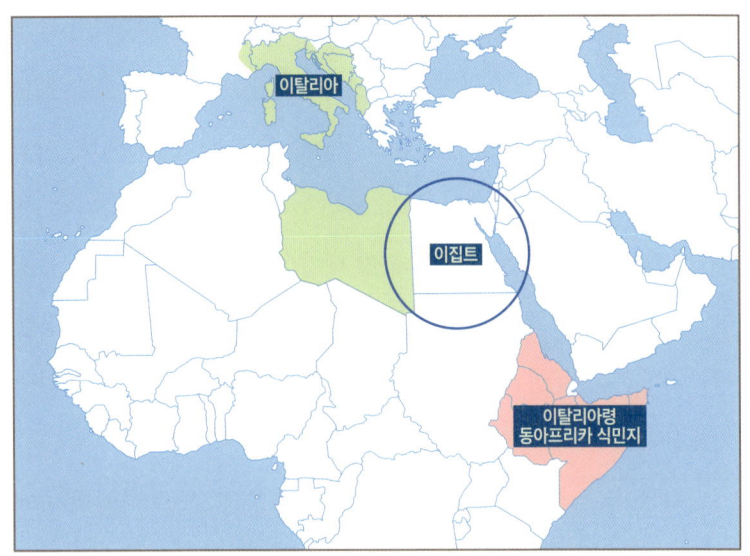

이탈리아 본토와 동아프리카를 연결하는 이집트

국이 신경을 못 쓰는 지금 이집트를 격파해야 한다고 생각해, 진군 했습니다.

그런데 진격 방식이 조금 이상했습니다. 상당수의 병사가 햇볕이 내리쬐는 대낮에 사막을 걸어서 진격한 것이었죠. 상식적으로 트럭으로 이동해야지, 왜 땀을 뻘뻘 흘리며 걸어서 진격했을까요? 바로 병사를 수송할 트럭이 부족했던 탓이었습니다.

기막힌 것은 기껏 있는 트럭에다가는 엉뚱하게도 병사 대신 대리석을 싣기도 했습니다. 왜냐하면 이집트를 침공한 후에 승전 기념비를 세워야 했기 때문이죠. 이를 본 영국군은 전술을 바꿉니다.

영국군 저 정신 나간 것들이 걸어서 사막을 횡단하네. 그러면 행군을 계속하도록 최대한 이집트 깊숙이 이탈리아군을 끌어들이자. 그러면 전투를 시작하기도 전에 지칠 테니까.

그러면서 지속해서 후퇴 전술을 펼쳤습니다. 이에 이탈리아군은 상황을 파악하지 못한 채 신나게 진격했습니다. 그렇게 국경 넘어 100km 부근까지 진격한 이탈리아군. 그런데 막상 이들을 끌어들인 영국군은 당황합니다.

이탈리아군이, 지형상 영국군이 방어하기에 불리했던 마르사 마트루 지역 코앞까지 진격했기 때문입니다. 이탈리아가 조금만 더 진격하면 어찌 될지 모르는 상황. 그러나 그들은 굴러들어 온 기회를 걷어차 버립니다. 이탈리아군이 마르사 마트루를 얼마 안 남기고 진격을 멈춘 것이었죠.

이탈리아군 사령관 휴… 이 정도 왔으면 많이 진격했지? 그러니 잠깐 멈춰서 진지도 쌓고, 보급로도 정비하자. 더위에 지친 병사들도 쉬게 해주자고!

문제는 이탈리아군이 3개월이나 쉬었다는 것입니다. 그들은 일단 휴식을 취하자, 진격한 만큼의 땅을 이미 얻었다고 여기고, 벌써 승전한 것처럼 자축했습니다. 이때 장교들의 막사에는 온갖 사치품이 공급됐고, 뜨거운 목욕물과 고급 카펫까지 제공됐습니다. 이를 본 영국군은 한숨 돌렸습니다.

영국군 허 참…. 뭐 하는 놈들이지? 우리는 이 틈에 빨리 반격을 준비하자!

1940년 9월 15일, 마침 영국은 독일에 크게 승리하여 이집트에 구원군을 파견할 여건이 마련된 상황. 영국군은 착실히 수만 군사를 모았고, 마침내 1940년 12월 9일에 이탈리아를 향해 반격을 개시합니다. 이 공격에 23만의 이탈리아군은 추풍낙엽처럼 무너져 내렸죠.

이탈리아군은 계속해서 후퇴합니다. 영국군은 공격하는 대로 계속 밀리는 이탈리아군을 보고 무려 이탈리아령 리비아까지 진격해 버립니다. 패퇴하던 이탈리아군 23만 명 중 무려 13만 명이 영국군의 포로가 됩니다. 병력의 반이 사라진 것이죠. 반면 영국군의 피해는 500여 명의 전사자와 1,300여 명의 부상자뿐이었습니다.

정신 승리와
끝없는 패배

이때 무솔리니는 무엇을 하고 있었을까요? 그는 이 와중에 그리스까지 침공하는 기행을 벌였습니다. 자기 그릇을 모르던 무솔리니는 발칸반도 일부까지도 미수복 이탈리아라고 여긴 채, 1940년 10월 그리스를 침공했습니다. 그리스는 전투력이 매우 약하다고 평가받고 있었기에 무솔리니는 승리를 낙관했죠. 이탈리아군은 침공 전부터 축제 분위기였습니다.

그런데 침공이 시작되자 그리스군은 이탈리아를 격파했고, 오히려 역으로 이탈리아령 알바니아 남부까지 장악해 버렸습니다. 당시 그리스 지형이 험하고 날씨가 추웠다는 평가도 있었으나, 이 정도도 못 이기면 추축국 군대라고 말할 수 없을 지경이었죠. 이 소식을 들은 히틀러는 화를 냅니다.

히틀러   아니, 이탈리아는 왜 자꾸 이기지도 못할 전쟁을 하는 거야? 이러면 또 우리가 도와줘야 하잖아. 빨리 군대 보내서 대신 그리스를 정복해 줘라!

히틀러는 곧 그리스에 독일군을 파견해 점령했고, 나치 독일은 내친김에 발칸반도를 아예 추축국의 영토로 만들어 버렸습니다. 하지만 히틀러는 또다시 이탈리아를 도와야 했습니다. 이탈리아군이 이집트에서 참패해, 이젠 북아프리카가 연합국에 넘어갈 판이었으니까요.

히틀러는 독일군 명장 에르빈 로멜을 보내 이탈리아군을 도왔습니다. 신기한 점은 로멜이 지휘하니 이탈리아군의 전투력이 그나마 나아졌다는 것이었습니다. 어쨌거나 로멜의 지휘하에 북아프리카에서는 추축국이 연전연승했고, 독일의 든든한 지원을 받던 이탈리아는 싱글벙글하며 신 로마의 꿈에 부풉니다. 하지만 1942년이 되자, 독일은 제2차 세계대전에서 서서히 밀리기 시작합니다. 승리에 도취된 히틀러가 바르바로사 작전을 통해 거대한 소련을 침공한 것이죠. 바로 독소전쟁의 시작이었습니다.

독소전쟁 중 드네프르강을 방어하는 독일군

소련은 초반에 잠시 밀렸으나 곧 재정비한 후, 총공세로 독일군을 점차 몰아냈습니다. 독일은 소련 전선에 집중해야 했기에, 북아프리카의 추축국 전선은 그만큼 신경 쓰지 못했습니다. 상황이 이렇게 돌아가니 히틀러는 이렇게 생각합니다.

히틀러   소련 때문에 북아프리카까지 신경 쓰기 힘든데…. 이럴 때 무솔리니가 이탈리아 본토의 병력을 북아프리카에 더 보내주면 얼마나 좋을까? 그러면 얼마간 버틸 수 있을 텐데.

그런데 무솔리니는 이와 정반대되는 행동을 합니다. 그는 오히려 독일을 따라 소련에 선전포고한 후, 정예병을 모아 소련에 원정군을 파견했습니다. 어차피 병력 규모 측면에서 소련군과 엄청난 차이가 있어 열세일 게 불 보듯 뻔한데 말이죠.

예상대로 소련은 스탈린그라드 전투에 무려 114만 병력으로 전력을 집중했고, 이탈리아군만 8만 명 가까이 손실됩니다. 그리고 독일도 스탈린그라드 전투 이후 밀리는 모양새가 됩니다.

이후 추축국은 북아프리카 전선에서도 밀리기 시작했고, 결국 로멜의 지휘에도 추축군은 연합군에 패배했으며, 북아프리카 전선은 연합군의 승리로 끝납니다. 만일 이탈리아가 북아프리카에 정예병을 빨리 투입했다면 상황은 달라졌을지도 모릅니다. 하지만 그러지 못했고, 결국 전선 전체에서 패배했죠.

이탈리아는 더 이상 저항할 능력을 상실했습니다. 이탈리아의 동아프리카 식민지는 1941년 연합군에 일찌감치 빼앗겼고, 연합군은 이탈리아 영토인 시칠리아섬까지 밀고 들어옵니다. 이제 신로마의 꿈은 사라져 버렸죠.

결국 로마까지 폭격당하는 상황. 이탈리아 국민과 국왕은 무솔리니에게서 등을 돌렸고, 이탈리아 의회는 1943년 국왕의 지지를 받아 무솔리니에 대한 신임을 공식 철회합니다. 무솔리니는 이탈리아 국왕이 친히 해임하고 나서야 자리에서 물러납니다. 그가 권력을 잡은 지 21년 만의 일이었습니다.

1943년 9월, 이탈리아는 연합국에 항복했고, 이탈리아 왕국은 졸전 끝에 역사의 뒤안길로 사라졌습니다. 그리고 2년 뒤 연합군의 공세로 추축국인 독일, 일본이 차례로 항복함으로써 제2차 세계대전은 연합국의 승리로 끝납니다. 참고로 무솔리니는 훗날 분노한 시민군인 파르티잔에게 붙잡혀 총살형으로 사망했고요.

무솔리니의 판단은 참으로 허탈하기도, 어이없기도 합니다. 능력이 안 되는데 허황된 꿈을 갖고 무리수를 남발해 허망한 결말을 맞았으니 말이죠. 결국 이탈리아는 역사에서 두고두고 놀림받는 처지가 됩니다.

그렇다고 이탈리아군이 모든 전쟁에서 무능했던 것은 아니었습니다. '베르살리에리 여단'이라는 정예 부대는 북아프리카에서 혁혁한 공을 세웠습니다. 현재도 부대의 상징인 검은 깃털을 단 모자를 쓰고 이탈리아 정예 신속 대응군으로 활동 중이죠.

제2차 세계대전을 돌아보면, 마치 추축국들이 짠 듯이 비상식적인 일을 골라 한 것처럼 보입니다. 하지만 이를 웃음거리로만 여기지는 말아야 합니다. 이탈리아군은 아프리카 에티오피아 식민지 등에 독가스를 살포하고, 잔혹한 학살을 벌였던 제국주의 열강의 일원이기도 했으니까요.

세계대전에서 맹활약했던 베르살리에리 군대를 그린 일러스트

이탈리아 근현대사의 주요 사건

18세기: 외세 지배와 분열의 지속

18세기
오스트리아 합스부르크 왕가의 북이탈리아 지배

1820~1831년
초기 통일 운동 (리소르지멘토) 시작

20세기 전반: 전쟁과 파시즘 시대

1880~1910년
북·동아프리카 식민지 확장기

1922년
무솔리니 집권

1939~1945년
제2차 세계대전 패전, 무솔리니의 몰락

21세기: 경제 위기와 정치 양극화

2002년
유로화 도입

2010년대
재정 위기 이후 포퓰리즘 확산, 우파 정당 부상

2022년
최초 여성 총리 조르자 멜로니 총리 취임

**19세기:
통일 운동과 완성**

1848년
1848 혁명으로 오스트리아에 대한 봉기, 통일 운동 확대

1861년
이탈리아 왕국 수립

1870년
로마 합병으로 통일

**20세기 후반:
경제 성장과 민주주의 정착**

1946년
왕정 폐지·공화국 수립

**1950~
1970년대**
급격한 산업화, 북부 중심의 경제 성장

**1990~
1994년**
부패 스캔들로 제1공화국 붕괴, 제2공화국 출범

· 일본 ·

전쟁을
멈출 수 없던
국가의 최악의 선택

1941년 12월 7일, 하와이 진주만 미군 기지 위로 갑자기 전투기 굉음이 울려 퍼졌습니다. 휴일 아침, 그 어떤 경고도 없이 출격한 일본군의 폭격 때문이었죠. 그 결과, 미군 전함 6척, 항공기 300여 대가 파괴됐고, 미군 병사는 2,000여 명이나 전사했습니다. 이는 그 악명 높은 진주만 공습으로, 이로써 미국과 일본 간의 태평양 전쟁이 시작됩니다.

결과는 다들 알고 있습니다. 일본군은 진주만 공습과 동시에 동남아시아를 침공하면서 승기를 잡는 듯하다가, 이듬해 미드웨이 해전에서 미군에 의해 항공모함만 4척이 격침당합니다. 그 후 일본은 꾸준히 연전연패하며 결국 패망했죠.

당시 미국 GDP는 일본의 5배에 달했고, 더욱이 일본은 중국 대륙을 포함해 이미 거대한 영역을 확보하고 있었습니다. 1941년 상반기까지는 미국도 일본의 중국 침략을 묵인해주는 분위기였고요. 그런데 뜬금없이 일본은 미국을 침공했고, 그간 확보한 땅을 모조리 잃었습니다.

대체 왜 공습한 걸까요? 이를 수뇌부의 오판이라고 볼 수도 있지만, 구조적으로는 일본이라는 거대한 시스템의 비상식성에서 비롯됐다고도 분석합니다. 지금부터 일본 제국이 어떻게 비상식적 시스템을 만들어 갔는지 살펴보겠습니다.

과도한 권력을 쥐게 된
일본의 군부

모든 일의 시작은 1868년, 메이지유신이었습니다. 메이지유신은 서구 열강이 아시아를 침략하자 일본이 절박하게 밀어붙인 근대화 운동으로, 예상보다 성과가 폭발적이었습니다. 일본은 청일전쟁, 러일전쟁의 승리로, 각종 식민지를 미친 듯이 병합해 나갔죠. 많은 일본인이 당시 분위기에 취해 있었습니다.

하지만 화려함 뒤에 치명적인 그림자가 있었으니, 그 과정에서 군부의 권한이 너무 강해졌다는 겁니다. 일본 제국의 군대는 애초

일본 제국 헌법, 일명 메이지 헌법이 공포되는 장면

부터 권한이 남달랐습니다. 일본 제국은 〈대일본제국헌법〉에 따라 천황(덴노)에게 통치권, 군 통수권을 모두 부여하는 구조였죠. 메이지유신 전의 일본은 내전을 벌이다가 겨우 통합됐고, 각 구성원을 하나로 통합하려면 누구나 인정하는 상징인 천황에게 군권을 줘야 했기 때문입니다.

그러다 보니 군대는 정치권의 통제를 받기보다 천황 직할 부대의 성격을 띠며 독자적인 황군皇軍이 돼 버렸습니다. 태생부터 독단적으로 행동할 여지가 컸을 뿐 아니라, '부강한 군대 없이 부강한 국가는 없다'는 모토로 학교 교육과 사회 풍조 모두 천황의 군대에

충성하고 희생하게 만들었기에 군은 전폭적인 지원을 받았습니다. 그런 군이 성과까지 내니 힘이 더 커질 수밖에 없었죠.

그래도 초반에는 군이 통제됐습니다. 1920년대까지도 '다이쇼 데모크라시(당시 일본에 민주주의, 자유주의 사조가 대두된 시기)'라 하여 민주주의가 활성화되면서 문민정부가 군부를 통제했고, 이때는 오히려 일본 총리가 먼저 국제연맹에 협조하고 군비 축소를 추진했습니다. 군부가 거세게 반발했지만, 내각을 이기기는 어려웠죠.

그러나 1920년대 후반, 이를 뒤엎는 미국발 세계 대공황이 발생합니다. 수출 중심의 산업 구조였던 일본은 직격탄을 맞았고, 실업자가 폭증했으며, 은행이 수십 개씩 문을 닫았습니다. 다이쇼 데모크라시 내각은 처음 겪는 대위기에 제대로 대응하지 못했고, 부정부패 의혹까지 터졌습니다.

일본인들   경제 위기 하나 처리 못 하는 썩은 정부, 당장 갈아엎자!

바로 그때 기회를 엿보던 일본 군부가 유혈 사태를 일으킵니다. 1930년 11월에는 군비 축소에 앞장서던 하마구치 오사치 총리가 반대파에 공격당했고, 1932년에는 해군 장교들이 이누카이 쓰요시 총리를 암살했습니다. 4년 뒤에는 급기야 급진 장교들이 도쿄에서 쿠데타를 일으키는 2·26 사건까지 발생했습니다. 진압은 됐지만, 이 사건으로 일본 정당 정치는 몰락했습니다. 군의 눈 밖에 나면 살해당할 수 있었으니까요.

그런데도 일본 국민은 군부를 꽤 동정했습니다. 총리가 살해당한 상황에서도 오히려 살해범을 감형하라는 탄원서가 수십만 통 날아올 정도였죠. 군권은 나날이 커졌고, 마침내 군은 내각을 공중 분해할 권리까지 거머쥐게 됩니다. 바야흐로 일본 군국주의의 시작이었습니다.

싸우기 위해 싸워야 했던
광기의 나날

당시 일본군의 존재 이유는 적을 무찌르는 것이었기에, 군을 유지하기 위해서는 무찌를 대상이 필요했습니다. 그래서 일본은 끝없이 팽창 레이스를 펼쳤죠. 또 본토에 철, 석유 자원이 나지 않았기에 잘 살기 위해서는 침략이 불가피하다는 명분도 내세웠습니다.

1931년에는 일본 관동군이 만주 침공에 성공했고, 만주를 일본 영향권으로 확보하자 일본은 국제연맹을 탈퇴했습니다(1933).

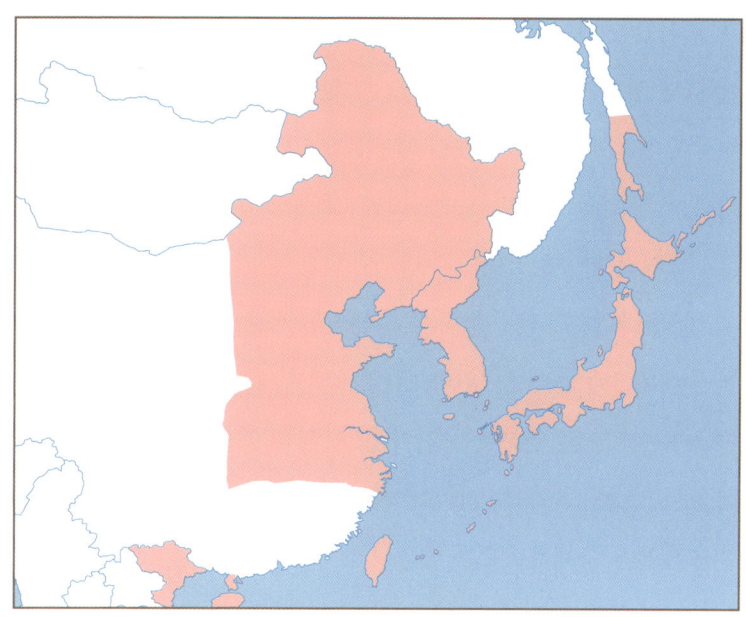

진주만 공습 직전 일본 제국의 판도(1941)

그리고 워싱턴 해군 군축 조약과 런던 해군 군축 조약까지 탈퇴하며(1934, 1936), 평화를 버리고 전쟁에 집중합니다.

1937년에는 마침내 중국 침공까지 벌입니다. 그 옛날 도요토미 히데요시의 숙원 사업이 부활한 것으로, 8년에 걸친 중일전쟁의 시작이었습니다. 일본군은 파죽지세로 진격했고, 진주만 공습 직전의 일본 판도도 거대했습니다.

세계의 열강은 이를 가만둘 수 없었습니다. 특히 유럽에 신경 쓰던 미국은 뒤늦게 일본의 폭주를 감지한 후, 만주 침공 당시 일본에 조사단을 파견해 엄중 경고를 하기도 했습니다. 그런데 의외로 1941년 상반기까지 미국은 별 조치 없이 경고만 합니다. 왜냐하면 미국이 일본에 군수품을 수출해서 많은 이득을 보고 있었기 때문입니다.

중일전쟁이 한창이던 1939년, 일본 총 수입품 3분의 1 이상이 미국산이었고, 진주만 공습 당해에도 미국의 대일 철강 수출은 전년 대비 5배 증가했습니다. 당시 미국이 대공황을 극복하기 위해 수출에 힘쓰느라 일본을 눈감아 준 측면도 있었습니다. 다만 일본 석유 수입량의 85%가 미국산이었기에, 미국은 이를 활용해 일정 부분 일본을 통제하려고는 했습니다.

결국 일본은 중일전쟁을 시작합니다. 그런데 뜻밖에 중국이 격렬히 저항하면서 전쟁이 도무지 끝나지 않았습니다. 무려 연간 석유 3,200만 톤을 쏟아부었는데 말이죠.

일본군은 다시 해외로 눈을 돌립니다. 이번엔 동남아시아였습니다. 당시 네덜란드령 동인도에서만 일본 연간 원유 수입량보다 많은 석유가 나왔습니다. 하지만 동남아는 유럽 열강 식민지였기에 섣불리 침공할 수 없었죠. 이때 일본에 희소식이 날아드니, 나치 독일이 제2차 세계대전을 일으키고, 프랑스와 네덜란드를 모두 함락시켰다는 소식이었습니다. 동남아 식민지를 차지할 절호의 기회였습니다.

하지만 마지막 관문인 미국이 남아 있었습니다. 미국은 일본

1937년 난징에 입성하는 일본군

의 동남아 진격을 절대 받아들일 수 없었습니다. 왜냐하면 핵심 동맹인 영국, 프랑스, 네덜란드령을 침범하게 두면, 미국에 대한 유럽 진영의 신뢰가 뿌리부터 흔들리기 때문이죠. 하지만 일본은 자원이 절실했습니다. 중일전쟁으로 수십만의 전사자가 생겼고, 이미 수백억 엔의 비용을 쏟았으니 중국 점령을 포기할 수 없었습니다.

전쟁을 멈추지 못한 또 하나의 이유로 일본군의 광기를 들기도 합니다. 당시 일본군은 악에 받쳐서 난징 대학살, 독가스 살포 등 온갖 반인륜 행위를 중국에 저질렀는데, 그 이유는 일본군의 뒤틀린 보상 시스템에서 찾을 수 있습니다.

지금껏 일본군은 적을 기습하기만 하면 항상 성공적인 결과를 얻었습니다. 하시만 이때 국제 성세가 일본에 유리하게 작용한 측면이 컸습니다. 수십 년간 운이 좋았던 것이죠. 그런데 그간 군대의 성과가 크다 보니 소위 일본군의 '보상 회로'가 망가져 버렸고, 일본군은 성과만 나면 하극상도 허용되는 이상한 분위기가 돼버렸습니다.

그런데 중국군의 끈질김으로 일본군은 보상을 얻지 못하고 있었고, 그 금단 증상으로 도 넘은 학살이 이어졌죠. 이 상황에서 철군하면 오히려 광기가 일본 내부로 분출돼, 또다시 암살 쿠데타가 벌어질 가능성도 컸습니다. 두려웠던 일본 수뇌부는 이 광기를 계속 분출시켜서 내부를 향하지 않도록 해야 했습니다.

광기의 종언을 선언한
진주만 공습

일본은 1941년 7월, 동남아 자원 지대로 나아갈 교두보인 프랑스령 인도차이나로 진격합니다. 이 결정은 미국과의 전쟁으로 이어질 수도 있어서 일본도 노심초사했습니다. 그래서 그전에 나치 독일, 이탈리아와 삼국동맹 조약을 맺고, 소련과도 중립 조약을 맺었죠.

일본　　지금 미국은 유럽 전쟁 때문에 유럽 식민지에 신경 못 써! 지금이다. 돌격하자!

1938년 일본에서 제작된 삼국동맹 조약 선전 엽서,
'사이가 좋은 세 나라'

하지만 일본은 미국의 추진력을 과소평가했습니다. 진짜 위기가 오니 미국은 180도 달라졌고, 강경한 자세를 취했죠. 1941년 8월 1일, 일본에 석유 수출을 금지한 것입니다. 순식간에 일본은 석유 수입량의 90%(미국 동맹국 석유 포함)를 잃었습니다. 비축량을 감안하면, 일본은 1~2년 안에 전쟁을 멈춰야 하는 상황이었습니다.

미국은 이 극약 처방에 내심 기대한 것이 있었습니다.

미국 국방 장관   합리적인 국가라면 이제 알아서 타협하겠지. 설마 우리 미국을 공격하는, 아무런 이득 없는 짓은 안 할 테니까.

그러나 미국은 일본의 비합리성을 과소평가했습니다. 군대의 광기를 유지해야 살아남는 일본의 구조상, 석유 금수 조치는 오히려 일본의 전쟁 의지에 불을 붙였습니다. 결국 일본은 미국 공격이라는, 가장 정신 나간 안건을 진지하게 검토했고, 어차피 전쟁할 거면 비축 자원이 더 줄기 전에 빨리 시작하자는 조기 개전론을 채택했습니다.

이를 지켜본 미국은 혀를 내두르면서 전쟁을 준비했습니다. 그리고 1941년 11월, 일본에 최후통첩을 날렸죠. 미국의 요구 사안은 중국과 인도차이나에서의 전면 철군, 독일, 이탈리아와의 삼국 동맹 파기였습니다.

일본 수뇌부는 이에 응할 수 없었습니다. 그러나 미국과 전쟁을 결정하는 최후의 어전 회의에서 일본은 고민할 수밖에 없었습니다. 아무리 시뮬레이션을 돌려도 고작해야 6개월에서 1년 정도만 버틸 수 있다고 예상됐고, 그 이후의 상황은 불투명했기 때문이죠. 그리고 2년이 지나면 일본의 모든 생산이 마비된다는 절망적 수치만이 예측됐습니다.

일본 수뇌부   지금은 2,000년간 이어져 온 황국의 최전성기란 말이다. 게다가 멈추면 총구가 나라 내부로 향한다고!

　일본은 현실을 외면하기로 했습니다. 수뇌부는 자신들이 전쟁에서 이긴다는 답을 정해놓고, 희망 회로를 가동하기 시작합니다. 그러니 활로가 보였습니다!

　일단 해군 전력 숫자가 우세했죠. 전체 함대 규모는 일본이 조금 열세였지만, 태평양 지역에 한정하면 전함, 항공모함, 순양함 모두 미국보다 그 수가 우위였습니다. 질적으로도 일본 제로센 전투기는 미국 그루먼 전투기보다 뛰어났고, 일본의 야마토급과 무사시급 전함은 미국의 아이오와급 전함을 월등히 앞섰죠. 일본은 이를 근거로, 전략을 수립했습니다.

　'초반에 미국 태평양 함대를 기습해서 전력을 최대한 약화시키고, 동시에 나치 독일 해군이 대서양에서 미국을 견제한다. 그 사이 중국, 동남아를 점령한 후, 자원 확보용 인프라를 구축한 뒤 유리한 조건으로 미국과 협상한다.'

　문제는 상상과 현실은 크게 달랐다는 점입니다. 12월 1일, 일본은 미국에 대한 선제공격을 결정합니다. 목표는 미국 태평양 함대 사령부가 있는 하와이 진주만 기지. 최대한 그곳의 전력을 소모시켜야 했죠. 그래서 선전포고도 늦게 했는데, 심지어 포고문도 14통으로 조금씩 나누어 암호로 송신했습니다. 미국은 일본군이 출격

1941년, 일본의 진주만 공습 이후 불타는 미국 함선

한 뒤에야 암호를 해독할 수 있었습니다.

    12월 7일, 일본군은 여섯 척의 항공모함에 420여 대의 전투기를 탑재해 공습을 가합니다. 기습당한 미군은 큰 피해를 입었습니다. 그런데 일본은 진주만 공습의 목적을 달성하지 못했습니다. 전함만 부쉈지, 정작 중요한 항공모함은 단 한 척도 못 부쉈거든요.

    당시는 전함이 저물고 항공모함이 부상하던 시기로, 태평양 전쟁 당시에도 전함은 유의미한 공을 세우지 못했습니다. 결국 미국은 항공모함의 손실 없이, 오히려 정신 무장만 더 단단히 하게 됩니다. 큰 피해를 봤지만, 선제공격을 당했기에 완벽한 도덕적 우위를 얻었고, '진주만을 기억하라'라는 슬로건으로 국민의 열렬한 지지를 받으며 전쟁에 뛰어들 수 있었죠.

한편 일본은 진주만 공습과 동시에 동남아로 진격했는데, 이때 동남아 다수 지역을 점령합니다. 그런데 성과에 고무된 일본은, 호주 부근까지 더 확장하자는 작전을 통과시켜 버립니다.

반면 전쟁 초반, 미국의 상황은 절망적이었습니다. 아직 본격적인 무기 생산 시스템도 가동하지 못했으니까요. 하지만 그들은 그 와중에 일본의 기를 꺾을 방법을 모색했고, 일본의 불안정한 정신, 즉 멘털을 공격하는 게 효과적이란 사실을 깨닫습니다.

1942년 4월, 미국은 둘리틀 공습을 가합니다. 항공모함을 일본 본토까지 깊숙이 접근시켰다가, 거기서 폭격기를 발진시켜 도쿄에 소규모로 폭탄을 떨어뜨리는 전략이었죠. 유의미한 피해를 주지는 못했지만, 심리적 효과가 컸습니다. 적기가 일본의 심장부인 도쿄를 폭격했으니까요. 천황이 사는 그 도쿄 말입니다.

자극받은 일본은 허둥지둥하다 적이 도쿄로 날아올 방향을 틀어막아야 한다는 생각에 휩싸여, 태평양 정면으로 오는 항로를 막으려고 급하게 미드웨이섬 공략에 나섭니다. 그러나 수를 읽은 미국의 항공모함들은 미드웨이에서 일본을 기다리고 있었습니다. 결국 1942년 6월, 미드웨이 해전에서 일본의 항공모함 네 척이 수장됩니다. 일본의 핵심 주력은 하루 만에 초토화돼 버렸죠.

이 해전 이후 미국은 완전히 공세로 돌아섰고, 일본은 패전을 거듭합니다. 기대했던 나치 독일도 패전합니다. 결국 일본은 후퇴를 거듭하다, 도쿄 대공습과 두 차례(히로시마·나가사키)의 원자폭탄 투하 이후 항복합니다.

신의 나라에서
인간의 나라로 추락하다

시스템상 일본군은 폭주하기 쉬웠고, 그 광기를 잠재우기 위해 미국에 선제공격까지 했다가 결국 남의 손에 의해 광기가 꺾입니다. 진주만 공습을 하지 않았어도 그 광기는 결국 기형적인 방식으로 분출됐을지 모릅니다.

항복 문서에 서명하는 당시 일본 외무대신

일본 수뇌부가 중국 철수에 동의했다면, 중일전쟁 중이던 일본군은 그 명령을 받아들이지 못해 하극상으로 군벌 세력이 돼 괴뢰국을 세우거나 단독으로 동남아를 침공했을 수도 있습니다. 즉, 동아시아 전체에 일본 반정부 군벌 난립, 피해국의 항일 투쟁, 일본군의 광기 어린 학살로 민간인 희생이 더 커졌을 가능성도 배제할 수는 없죠.

더 현실적 시나리오는 군부가 다시 쿠데타를 일으켜 극렬 인물을 앉힌 후, 진주만 공습보다 더 광기 어리면서 비효율적인 공습을 감행하는 것이었을 겁니다.

일본은 근대화의 속도보다 시스템의 지속 가능성을 먼저 고민해야 했습니다. 내실을 다져야 했지만 근대화도 서양에 쫓겨 급하게 군대 위주로 진행했고, 새로운 영토를 확보하려는 욕망에 중독됐습니다. 그 결과는 미국 공격이라는 도박이었습니다.

결국 일본의 도박은, 적국의 강력한 함선 위에서의 항복 사인과 신성불가침이던 천황의 인간 선언으로 막을 내립니다. 그것이 일본 제국 광기의 종말이었습니다.

일본 근현대사의 주요 사건

1850~1870년: 개항 및 근대화

1853년
미국의 요구로 쇄국정책 붕괴 및 개항

1868년
메이지 유신

1877년
사무라이 반란을 진압하고, 중앙집권화

1930~1945년: 전쟁과 패전

1923년
관동대지진 이후 사회 불안과 군부 세력 강화

1931년
만주사변, 군국주의 본격화

1937년
중일전쟁, 제2차 세계대전으로 연결

1945~1980년: 민주화와 경제 성장

1947년
평화헌법 제정 이후 천황의 상징화, 민주주의 체제 확립

1952년
샌프란시스코 강화조약 발효, 일본 독립 재개

1964년
도쿄 올림픽 개최, 전후 부흥에 따라 경제 대국으로 부상

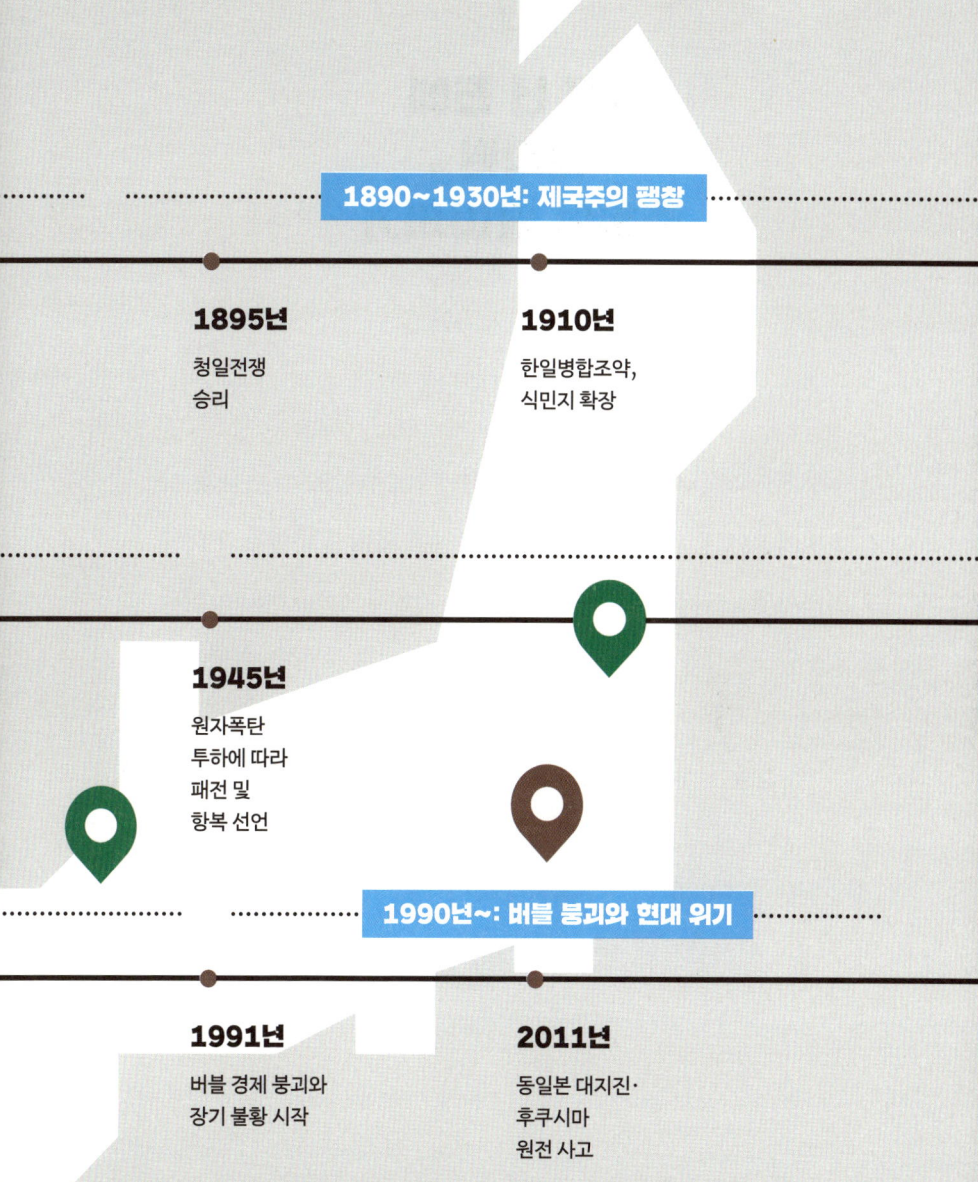

1890~1930년: 제국주의 팽창

1895년
청일전쟁 승리

1910년
한일병합조약, 식민지 확장

1945년
원자폭탄 투하에 따라 패전 및 항복 선언

1990년~: 버블 붕괴와 현대 위기

1991년
버블 경제 붕괴와 장기 불황 시작

2011년
동일본 대지진·후쿠시마 원전 사고

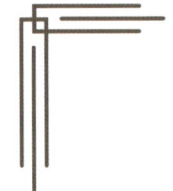

• 이스라엘·팔레스타인 •

4천 년 전에 시작된 죽음의 땅따먹기

러시아·우크라이나 전쟁으로 어수선했던 2023년, 또 다른 대형 사건이 벌어집니다. 바로 2023년 10월 7일에 벌어진 하마스의 대규모 이스라엘 공격입니다. 이날 하마스는 기습적으로 4,000여 발의 로켓과 공수부대를 투하해 이스라엘을 공격했고, 수많은 희생자를 낳았죠.

이스라엘은 이에 맞서 팔레스타인 가자 지구에 대공세를 펼쳤고, 헤즈볼라, 후티 반군 등 다른 중동 극단주의 세력까지 가세하면서 중동은 전쟁터가 됐습니다. 2025년 10월 이스라엘과 하마스 간의 휴전이 성사됐지만, 여전히 산발적인 충돌은 계속되고 있습니다.

뜬금없이 국제 무대에 나타난 하마스는 어떤 집단이기에 이스라엘을 공격했을까요? 그리고 공격의 이유는 무엇일까요?

하마스는 1987년에 세워진 팔레스타인의 초극단주의 무장 투쟁 단체입니다. 팔레스타인의 해방을 꿈꾸는 하마스는 이스라엘을 지도상에서 지우고, 완전한 팔레스타인 국가를 수립하는 것이 목표이며, 그를 위해 폭력, 무장 투쟁만이 답이라고 생각합니다. 그래서 지금껏 미사일 공격, 자폭 테러 등을 저질러 왔고, 결국 전면전에 이른 것이죠.

특히 이스라엘에 대한 선제공격은 물론, 각종 끔찍한 인권 유린 행위까지 벌인다고 알려져 있습니다. 하마스는 도대체 왜 이스라엘에 깊은 원한을 갖게 된 걸까요? 이를 알기 위해서는 두 나라 사이의 역사를 살펴봐야 합니다.

어쩌다 두 나라가
하나의 땅에서 살게 됐을까?

먼저 이스라엘과 팔레스타인의 지도를 살펴봅시다. 팔레스타인 지역 안에 이스라엘과 팔레스타인 두 민족이 공존하고 있는 것을 확인할 수 있습니다.

그런데 이 두 나라는 종교부터 역사까지 많은 점이 다릅니다.

팔레스타인 안의 이스라엘과 팔레스타인 지역

먼저 이스라엘은 유대교를 믿는 유대인 국가입니다. 유대교는 기독교와 이슬람교보다 먼저 등장한 '아브라함계 종교'의 시초로, 이후 기독교와 이슬람교가 이 흐름에서 갈라져 나왔습니다.

유대인들은 기원전 11세기경, '솔로몬왕'으로도 유명한 이스라엘 왕국을 지금의 팔레스타인 지역에 세운 후 번성했습니다. 하지만 이 유대 세력은 아시리아 제국과 바빌로니아 제국, 로마 제국의 침공을 거치며 결국 기원후 1~2세기에 멸망합니다.

고향을 잃은 유대인들은 전 세계로 퍼져 나가 무려 2,000년간 떠돌이 생활을 해야 했습니다. 이를 '유대인 디아스포라'라고 하죠.

그러다 20세기 들어, 떠돌이 생활을 청산하고 팔레스타인 지역으로 다시 돌아와 정착합니다. 마침내 이스라엘이라는 자기만의 나라를 세운 것입니다.

반면 팔레스타인은 이슬람교를 믿는 아랍 국가였습니다. 아랍인은 대체로 이슬람교를 믿고, 아랍어를 쓰며, 중동부터 북아프리카에 걸친 지역에 모여 사는 민족을 뜻합니다. 어떨 때는 이슬람교를 믿지 않아도, 아랍어만 쓰면 아랍인이라고 인정되기도 합니다. 꽤나 폭넓은 범위의 민족이라고 할 수 있죠.

이런 아랍인은 전성기에 거대한 이슬람 제국을 건국하여 엄청난 위세를 떨치기도 했습니다. 유대인이 쫓겨난 뒤, 팔레스타인 땅은 긴 시간 아랍인이 지배했습니다. 물론 16세기부터 20세기까지는 튀르크족이 이끄는 오스만 제국에 지배당했지만, 여전히 아랍인이 거주하고 있었죠.

그런데 오스만 제국이 해체된 뒤인 20세기 초중반, 아랍인이 살던 팔레스타인 땅에 갑자기 수십만 명이나 되는 유대인이 밀려들어왔습니다. 왜 유대인은 좁은 팔레스타인 지역에 다시 몰려든 것일까요?

이슬람을 위한 나라
유대인을 위한 나라

1910년대, 제1차 세계대전이 한창이었습니다. 이때 영국은 협상국 측으로 참전하여, 오스만 제국과 싸우고 있었습니다. 그런데 생각보다 오스만 제국의 전력이 우수하여, 영국은 막대한 피해를 입습니다. 골치가 아팠던 영국은 한 가지 묘책을 떠올립니다.

오스만 제국은 앞서 말했듯, 팔레스타인을 포함한 중동 지역에서 아랍인을 지배했습니다. 아랍인들은 그런 오스만에 불만을 품고, 독립에의 강한 열망을 가졌죠. 영국은 이 지점을 주목했습니다. 그래서 재빨리 아랍인들에게 접근하여 이렇게 제안합니다.

영국 아라비안들, 잘 지내냐? 다름이 아니라 너희들, 자존심이 강한 민족인데 오스만 제국에 지배받느라 힘들지? 독립하고 싶지 않아? 그렇담 우리가 도와줄게. 오스만에 대항해서 반란을 일으켜. 우리 편이 돼서 오스만과 싸우는 거지. 그렇게 해주면 전쟁이 끝난 후 중동 지역에 아랍인들만의 독립국을 세워줄게. 어때?

즉, 아랍인들이 영국 편을 들어 오스만에 대항하면, 독립국을 세워주겠다는 제안이었죠. 이때 영국이 세워주겠다던 독립국의 영토 범위에 팔레스타인 지역도 포함돼 있었습니다.

이것은 1915~1916년 사이에 교환된 서신을 통해 영국의 외교관 헨리 맥마흔이 약속했다고 하여 '후사인·맥마흔 서신 교환'이라고 불리는 선언으로, 아랍인들은 엄청난 꿈과 희망을 품게 됩니다. 아랍인들은 약속대로 반란을 일으켰고, 열심히 오스만과 맞서 싸워 큰 공을 세웠습니다. 하지만 영국은 아랍인의 뒤통수를 제대로 칩니다.

1917년, 영국은 여전히 제1차 세계대전 중이었습니다. 전쟁이 계속되다 보니 영국군은 손실이 컸고, 영국의 또 다른 적인 독일군이 워낙 강해서 재정은 바닥을 드러내고 있었습니다. 영국에 돈이 필요한 상황이었죠.

그런데 이번에는 영국의 눈에 유대인들이 들어옵니다. 자본에 정통한 유대인들이 엄청난 유대 자본을 축적하고 있었거든요. 이에 영국은 부유하기로 유명했던 유대인 가문 로스차일드에게 접근해 도움을 요청합니다. 유대인들은 당연히 대가를 바랐습니다.

영국   너희 유대인들, 2,000년간 떠돌이 생활하느라 힘들었잖아. 그러니까 제1차 세계대전이 끝나면 팔레스타인 쪽에 너희 유대인들만의 국가를 세워줄게. 그거면 우리를 도와준 대가로 충분할 거야.

이런 영국의 제안에 유대인들은 움직이지 않을 수 없었습니다. 떠돌이 생활의 종지부를 찍을 절호의 기회였으니까요. 유대인들은 영국의 제안에 응했고, 전 유대인 사회가 들썩였습니다.

이렇게 영국이 유대인만의 독립 국가 수립을 약속한 선언이 바로 1917년 '벨푸어 선언'입니다. 물론 정확히는 '독립국'이 아닌 '민족적 향토National Home'를 수립해 주겠다는 선언이었지만, 사실상 독립국 수립 선언이나 마찬가지였죠.

잘 알려지지 않은 사실이지만, 영국이 벨푸어 선언을 한 데에는 또 다른 이유가 숨겨져 있습니다. 바로 중동 지역에서의 영향력

로스차일드가 문장

을 강화하기 위해서였죠. 당시 영국은 대영제국 시절로 식민지가 많았는데, 그중 아시아 식민지 지배를 위해서는 아시아로 통하는 수에즈 운하가 필요했습니다.

그런데 팔레스타인에 친영국 유대인 국가가 세워진다는 것은, 수에즈 운하 근처에 친영국 거점이 하나 생기는 것이나 다름없었죠. 즉, 중동과 수에즈 운하에 영향력을 행사하기 위해 벨푸어 선언을 내놓은 것입니다.

분열의 황태자
영국의 이중 약속

문제는 영국이 하나의 땅을 두고 이중 약속을 했다는 것입니다. 같은 지역에 아랍 국가와 유대인 국가 둘 다 세워주기로 약속한 겁니다. 그런데 이게 끝이 아니었습니다. 영국은 후사인·맥마흔 서신 교환, 벨푸어 선언에 이어 또 다른 협정인 '사이크스·피코 협정'을 맺었습니다. 이는 1916년에 프랑스와 맺은 협정으로, 영국은 프랑스에 다음과 같이 약속합니다.

"제1차 세계대전이 끝나면 팔레스타인을 포함한 중동 땅을 영국과 프랑스가 나눠서 점령한다."

즉, 전쟁이 끝나고 프랑스와 중동 땅을 나눠 갖기로 한 겁니다.

이곳은 아랍인에게 독립 국가를 수립해 준다고 약속한 지역이었습니다. 영국은 아랍인들에게 공수표만 던지고, 속으로는 자신이 팔레스타인을 포함한 중동 땅을 차지할 심산이었던 것입니다. 이는 두고두고 세계의 비판을 받게 되죠.

이런 상황에서 1918년 제1차 세계대전이 협상국의 승리로 끝납니다. 당연히 영국은 사이크스·피코 협정을 최우선으로 이행하며, 프랑스와 중동 지역을 나눠 가집니다. 프랑스가 레바논과 시리아 지역을, 영국이 팔레스타인을 포함한 나머지 지역을 차지한 것이죠. 결국 후사인·맥마흔 서신 교환은 휴지 조각이 됩니다.

아랍인들은 손바닥 뒤집듯 약속을 뒤집은 영국에 분노해, 반영 감정을 갖게 됩니다. 영국은 이 반응 또한 신경이 쓰였습니다. 만약 나중에 또 전쟁이 날 경우, 아랍이 영국의 반대편에 참전해서 영국을 힘들게 할 가능성도 있으니까요.

그래서 영국은 아랍인을 달래기 위해 1930년대 후반, 벨푸어 선언을 슬그머니 고쳤습니다. 유대인 이민을 제한하고, 아랍인에게 유대인 이민 동의권을 부여했죠. 갑자기 태세를 전환한 것이었습니다. 이를 '1939년 백서'라 부릅니다.

이번 벨푸어 선언 폐기는 유대인들의 분노를 자아낼 만한 것이었습니다. 하지만 결과적으로 1939년 백서가 유대인들의 팔레스타인 이주 의지를 꺾지는 못합니다. 왜냐하면 벨푸어 선언 자체가 이미 전 세계에 흩어져 살던 유대인들에게 '다시 고향으로 돌아갈 수 있다'는 각성을 불러일으켰기 때문이죠. 오랜 시간 정착할 곳이 없었던 유대인들의 땅을 건설해 주겠다는 영국의 약속 즉, 벨푸어 선언은 커다란 희망이었습니다.

유대인 우리들만의 국가를 약속받았어! 그러니 영국이 딴소리 하든 말든 상관없어. 이미 약속한 거니까. 유대인 국가를 수립하기 위해 팔레스타인으로 떠나자!

가뜩이나 팔레스타인 땅에는 유대교의 성지인 예루살렘이 있어서, 그 중요성은 배가 됐죠. 예루살렘은 솔로몬 왕이 하느님의 성전을 건설하며 유대인의 성지가 된 곳입니다. 그래서 전부터 유대

예루살렘의 모습

인들 사이에서는 팔레스타인으로 가서 유대 국가를 건설하자는 사상이 널리 퍼져 있었으니, 이를 '시온주의'라고 합니다. 시온이란 예루살렘에 있는 언덕의 이름으로, 유대인이 예루살렘 및 유대인의 땅을 지칭할 때 사용합니다.

이로써 많은 유대인이 너도나도 팔레스타인으로 향하는데, 특히 1930~1940년대에 가장 많은 이주가 이루어졌습니다. 이 시기에 수백만 명의 유대인이 나치 독일에 의해 비참한 죽음을 맞이했기에(홀로코스트) 당연히 유대인들은 독일 땅을 떠날 수밖에 없었거든요.

물론 모두가 그곳을 향한 것은 아닙니다. 팔레스타인으로의 이주는 전체 유대인 이주의 8.5%에 불과했는데, 그럼에도 그 수가 많아서 1947년에는 팔레스타인 지역에 무려 60만의 유대인이 거주하게 됩니다. 이때부터 유대인과 아랍인 사이의 갈등이 시작됩니다.

원래 아랍인이 살던 지역에 이주해 온 유대인들은 편히 살 땅이 필요했습니다. 그래서 토지를 대량으로 매입하기 시작했죠. 이주한 유대인 중에는 부유한 자산가가 많아서 팔레스타인 지주들에게 땅값을 후하게 쳐주며 대토지를 사들였습니다.

문제는 이들이 매입한 땅에, 수많은 아랍 소작농이 농사짓던 땅도 포함돼 있었다는 점입니다. 그 땅이 다른 사람에게 팔렸으니, 소작농들은 쫓겨날 수밖에 없었죠. 자연히 유대인에 대한 반감이 커지게 됩니다.

반감이 생긴 데에는 다른 요인도 있었습니다. 당시 아랍인은 맥마흔의 약속을 무시하고, 아랍인 땅을 점령해 통치까지 하는 영국을 적대시했습니다. 그런데 영국은 그것도 모자라, 유대인에게 유리한 정책을 많이 시행했죠. 유대인이 아랍인 땅을 쉽게 살 수 있게 했고, 유대인의 무장을 돕는 등 군사적 지원도 했습니다. 그러니 유대인에 대한 아랍인의 감정은 나빠질 수밖에 없었습니다.

2,000년 만에 건설된 유대인의 나라

아랍인들은 영국의 차별 정책에 항의 시위를 벌였습니다. 이에 영국군은 군대를 동원해 무자비하게 아랍인을 탄압했죠. 결국 남은 건 저항뿐이라고 생각하며, 아랍인들은 무장 단체를 조직해 영국인, 더 나아가서는 친영파 유대인까지 공격하기 시작했습니다. 유혈 사태가 벌어졌고, 영국과 유대인 역시 이에 무력으로 대응하며 큰 충돌로 번졌는데, 이는 결과적으로 아랍인에게 불리하게 작용했습니다.

영국과 유대인에 비해 조직이 분열돼 있고, 무장도 잘 안 된 아랍인들이 그들을 당해낼 수 없었던 것이죠. 그 때문에 아랍인의 피해가 훨씬 컸고, 1938년 여름의 충돌에서는 수천 명에 달하는 아랍인이 사망하기도 했습니다. 그럼에도 충돌은 계속 확대돼, 총파업이 발생하는 등 결국 영국의 통제가 불가능한 지경에 이릅니다.

영국 상황이 걷잡을 수 없게 됐는데…. 안 되겠어. 이제 팔레스타인에서 손 떼자.

힘에 부치던 영국이 국제 문제를 해결하는 기구인 UN에 팔레스타인 문제를 떠넘긴 것입니다. 이에 UN은 1947년 11월 총회를 벌이고 다음과 같은 결론을 내립니다.

UN 일단 팔레스타인 땅에 유대인과 아랍인 모두 존재하니, 그 땅에 두 국가를 세웁시다. 팔레스타인 땅의 56%는 유대인의 국가, 나머지 44%는 아랍인의 국가를 세우는 겁니다. 반반씩 나누는 것이나 다름이 없으니, 불만 없죠?

이를 UN의 팔레스타인 분할안이라고 합니다. 아랍인은 강력히 반발했습니다. 원래 자신들이 살던 땅을 유대인들에게 빼앗겼으니, 어찌 보면 당연한 반응이었죠. 게다가 당시 팔레스타인의 유대인 숫자는 60만 명, 아랍인 숫자는 130만 명이었는데, 인구가 훨씬 적은 유대인이 56%나 되는 땅을 할당받게 됐으니까요.

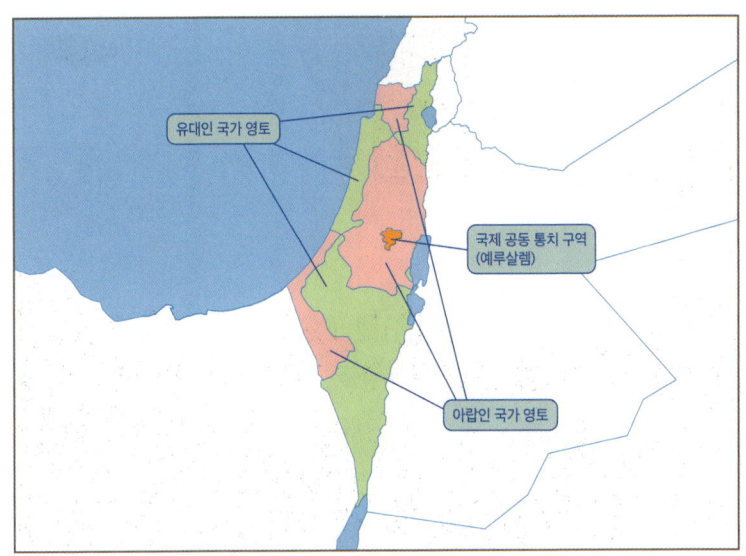
UN 분할안

그런데 UN은 왜 이렇게 비대칭적인 분할안을 낸 것일까요? 이에 대해서는 유대인의 입김이 강하게 작용했다는 분석이 있습니다. 당시 미국에는 500만 명에 달하는 유대인이 거주하면서, 각계각층에 영향력을 행사하고 있었습니다. 그리고 이것이 미국이 분할안에 찬성하게 만든 원동력이었다고 보는 것이죠.

결국 분할안 시행이 확정됩니다. 이제 유대인들에게는 자신만의 나라를 세울 국제적 권리가 생겼습니다. 그리고 6개월 뒤인 1948년 5월 14일, 마침내 이스라엘이 건국됩니다.

이스라엘 국가 선포식

4차에 이른
중동전쟁의 결론은?

드디어 2,000년 만에 유대인의 국가가 건설됐습니다. 하지만 기쁨도 잠시, 그들에게는 건국하자마자 위기가 닥칩니다.

당연히 이스라엘 건국은 주변 아랍 국가들을 자극했고, 건국 선언 다음 날인 5월 15일에는 이스라엘 주변의 아랍 국가인 이집트, 요르단, 시리아 등이 일제히 이스라엘로 쳐들어갑니다. 이를 제1차 중동전쟁이라고 합니다.

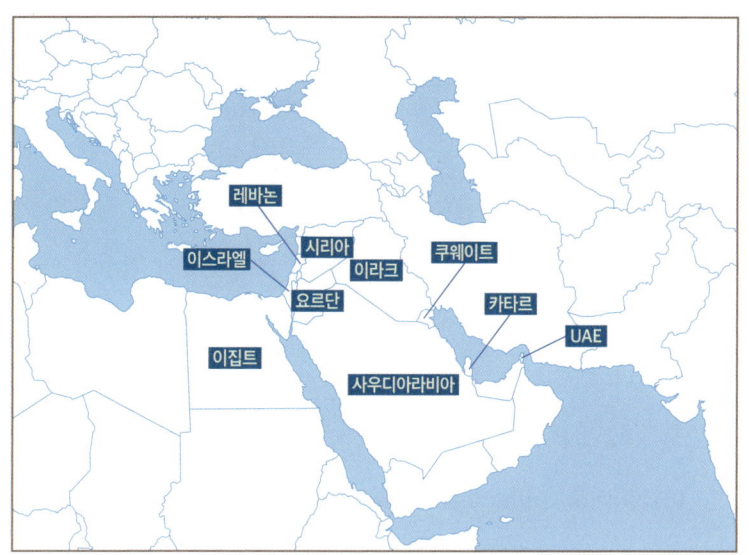

이스라엘과 주변의 아랍 국가들

전쟁의 결과는 어땠을까요? 전쟁이 끝나도 이스라엘은 건재했습니다. 이스라엘은 전쟁에서 고전하기는커녕, 여러 아랍 국가의 침공을 물리치고 전쟁에서 승리했습니다.

이 불가사의한 승리의 비결은 무엇이었을까요? 사실 아랍 각국이 민족적으로 단결해서 '팔레스타인의 아랍인을 돕기 위해 전쟁을 일으켰다'는 말도 있지만, 이는 사실과 조금 다릅니다. 제1차 중동전쟁 당시, 전쟁에 참여한 아랍 국가들은 이스라엘을 몰아내기보다 자국의 이익을 훨씬 더 추구했습니다. 그래서 아랍인 수호라는 대의보다, 이스라엘이 미처 장악하지 못한 팔레스타인 땅을 어떻게든 선점하고자 하는 마음이 컸죠. 결국 영토 확장에 관심이 있던 것이었습니다.

사실 아랍인끼리 서로 같은 민족이라며 도울 것 같지만, 그들도 영국, 프랑스가 떠난 뒤 각각 다른 나라로 분열됐으며, 각자의 이해관계가 싹 텄던 것입니다. 특히 제1차 중동전쟁에 참전한 아랍 각국 지배층은 전쟁 이전에 이스라엘과 다음과 같은 비밀 협정을 맺었습니다.

아랍 지배층　이스라엘 양반들, 우리 아랍 국가는 이스라엘과 전면전을 벌이지 않겠소. 대신 팔레스타인 영토 일부는 우리가 가지겠습니다.

이스라엘　좋소!

그 결과, 예정된 시나리오대로 참전 국가인 요르단과 이집트가 원래 팔레스타인의 할당 영토였던 서안 지구와 가자 지구를 사이좋게 나눠 갖습니다. 이스라엘은 원래의 UN 분할안보다 영토를 확장하여, 팔레스타인 땅의 78%에 달하는 지역을 자신의 영토로 병합하는 데 성공했고요.

이렇게 팔레스타인인의 땅은 모조리 이스라엘, 요르단, 이집트에 의해 점령됐습니다. 물론 이는 현재의 이스라엘, 팔레스타인 영토와 다릅니다. 이후 중동전쟁이 4차까지 진행되면서, 서로 영토를 뺏고 빼앗기는 과정이 더 있었기 때문입니다.

최종적으로 이스라엘은 1967년 제3차 중동전쟁 때 서안 지구와 가자 지구를 각각 요르단과 이집트로부터 다시 빼앗아 점령합니다. 그 후 현재까지 두 지역은 이스라엘이 점령하고 있습니다.

1차에서 4차에 이르는 중동전쟁은 단 한 번도 팔레스타인인의 독립을 위해 일어난 적이 없었습니다. 모두 각국의 이해관계에 따라 일어난 것으로, 아랍인을 수호하자는 대의는 빛바랜 상상에 불과했죠.

한창 이스라엘·하마스의 전쟁이 벌어질 당시, 곧 다른 아랍 국가들이 참전해서 제5차 중동전쟁으로 확전되는 것 아니냐는 의견도 있었지만, 역시나 아랍 각국은 참전하지 않았습니다.

그런데 여기서 궁금해집니다. 서안 지구와 가자 지구를 점령한 이스라엘. 도대체 그들이 팔레스타인인을 어떻게 대우했기에, 하마스라는 극단주의 단체가 이스라엘을 공습한 걸까요? 이어지는 내용으로 이스라엘과 하마스의 갈등을 살펴보며, 중동의 상황을 조망해 보겠습니다.

이스라엘·팔레스타인 갈등의 주요 사건

19세기 말~1940년대: 갈등의 시작

1897년
제1차 시온주의 회의에서 유대인 민족국가 건설 선언

1917년
벨푸어 선언

1947년
UN 팔레스타인 분할안 확정

1950~1970년대: 연속된 중동전쟁

1956년
이집트 수에즈 운하 국유화에 이스라엘·영국·프랑스가 군사 개입

1967년
6일 전쟁으로, 이스라엘에 의해 팔레스타인 영토 대부분 상실

1973년
이집트·시리아가 이스라엘을 기습, 이스라엘의 승리

1993년
오슬로 협정

2006년
하마스 총선 승리, 팔레스타인 내부 분열 심화

2008~2014년
가자 전쟁으로 막대한 민간인 피해

1948년
이스라엘 건국,
제1차 중동전쟁에서
이스라엘 승리

1980~1990년대: 평화 협정 시도

1979년
시나이반도
반환을 대가로
이집트·이스라엘
평화 조약

1987년
팔레스타인
민중 저항 운동
(인티파다) 시작

2000년대 이후: 분열과 전쟁의 반복

2023년
하마스
대규모 기습과
이스라엘 가자
대공세

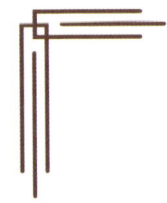

• 이스라엘·하마스 •

이스라엘과 중동은 왜 바람 잘 날이 없을까?

2023년 10월 7일, 팔레스타인 무장 단체 하마스가 이스라엘을 향해 로켓을 기습 발사하며 전쟁이 시작됐습니다. 이스라엘이 즉각 가자 지구로 진격해 하마스를 향한 지상 작전을 벌이자, 결국 우려하던 일이 벌어졌습니다.

이튿날인 10월 8일, 친이란 무장 단체인 헤즈볼라가 이스라엘 공격에 가세했고, 배후의 이란과 이스라엘이 직접 충돌하기에 이르렀죠. 그렇게 2025년 6월 13일, 이스라엘의 대규모 이란 공습을 시작으로 이스라엘과 이란이 미사일을 주고받는 사상 초유의 사태가 벌어졌습니다. 6월 22일에는 트럼프 대통령의 지시로, 미국이 B-2 스텔스 폭격기를 보내 이란 핵 시설에 미사일을 투하하기까지 했죠.

물론 6월 24일에 트럼프의 SNS를 통해 휴전 소식이 게재됐지만, 중동은 대혼란을 겪었습니다. 하마스와 이스라엘은 휴전에 합의했으나, 하마스가 쏘아 올린 작은 공은 반경 내 수많은 지역을 파괴하고 나서야 진정됐습니다. 지금도 산발적 충돌이 계속되는 상황이고요.

여기서는 이스라엘·하마스 전쟁의 시작점, 하마스의 역사부터 그들이 전쟁을 일으킨 이후의 상황까지 살펴보겠습니다. 또 그 뒤에 벌어진 이란·이스라엘 전쟁과 더불어, 이란과 이스라엘이 역사적으로 어떤 관계를 형성해 왔는지도 살펴보겠습니다.

전쟁 이후,
팔레스타인을 장악한 이스라엘

이스라엘은 1948년 팔레스타인 지역에서 건국한 이후, 아랍 국가와의 네 차례의 중동전쟁을 통해 팔레스타인 전체를 장악하는 데 성공했습니다. 유대인과 팔레스타인인들은 한 나라 안에서 살아가게 됐지만, 유대인에 대한 팔레스타인인의 불만은 갈수록 쌓여갔죠.

이스라엘 이제 팔레스타인은 나의 것! 그렇다면 새로 점령한 팔레스타인 땅에 유대인을 이주시켜 유대인 정착촌을 건설하고, 유대인의 영토를 넓혀야겠다!

이스라엘은 팔레스타인 영토를 점령해 나갔고, 이스라엘 내 팔레스타인인의 땅은 1967년에 비해 현저히 줄게 됩니다. 토지가 사라진 팔레스타인인들은 먹고살 길이 막막해졌고, 유대인과 팔레스타인인 간의 빈부 격차도 심화됩니다.

마침내 팔레스타인인은 폭발했고, 반이스라엘 무장 단체가 우후죽순 생겨나는데 그렇게 생겨난 단체가 크게 두 개입니다. 1965년에 설립된 PLO(팔레스타인 해방 기구)와 1987년에 설립된 하마스

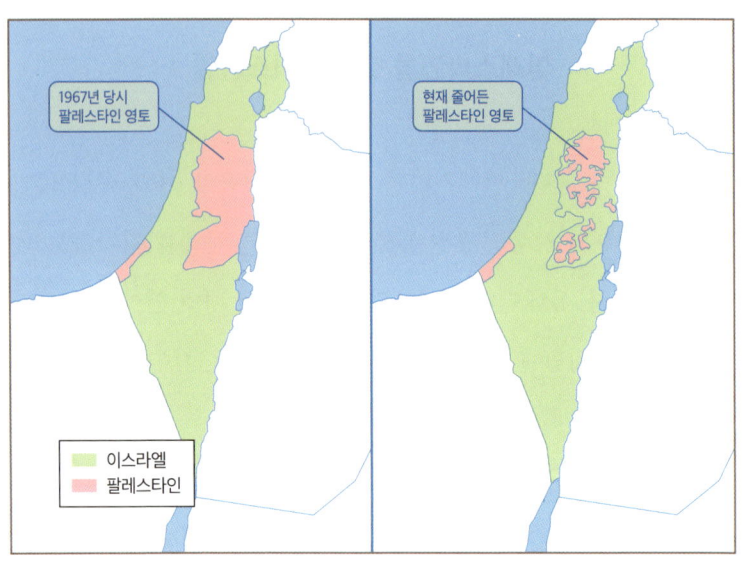

팔레스타인 내 팔레스타인 영역의 변화

가 그것이죠. 하마스 탄생 20년 전에 이미 무장 단체인 PLO가 존재했던 것입니다.

PLO는 팔레스타인 투쟁 단체 '파타Fatah'를 중심으로 창설됐습니다. 초창기에 그들은 주로 테러 활동으로 이스라엘에 저항했습니다. 대표적인 예가 1972년 벌어진 뮌헨 올림픽 참사입니다. PLO 계열 단체인 검은 9월단은 독일 뮌헨 올림픽이 진행 중인 1972년 9월 5일에 이스라엘 선수 숙소에 난입해 총기를 난사했고, 선수 등 12명이 사망했습니다. PLO는 이러한 무장 테러를 계속해서 벌였지만, 이는 오히려 독이 됩니다. 이스라엘이 이런 PLO에 격분해 대규모 토벌전을 벌인 것이죠.

이스라엘의 총공세에 PLO는 막대한 타격을 입고, 자금 조달 통로까지 끊깁니다. 살아남기 힘들어진 PLO는 1980년대부터 자신들의 정체성을 완전히 바꿉니다.

PLO 이제는 무장 투쟁을 계속하기도 힘들고, 돈줄도 끊겼어. 더 이상 우리가 할 수 있는 게 없다. 그냥 이스라엘과 평화적으로 공존하자. 그게 PLO가 유지되는 길이야.

이렇게 이스라엘과 공존하는 방향으로 노선을 튼 것이죠. 1993년 9월 13일, PLO는 이스라엘과 오슬로 협정이라는 평화 협약을 맺습니다. 이는 팔레스타인 역사는 물론 하마스 탄생에도 중

미국 백악관에서 이루어진
이스라엘과 PLO 간의 평화 협정인 오슬로 협정

대한 영향을 미친 협약으로, 내용은 이렇습니다.

"첫 번째, PLO와 이스라엘은 서로의 존재를 상호 승인한다. 두 번째, 이스라엘도 일정 부분 양보해 팔레스타인의 자치를 인정한다."

두 번째 내용 때문에 팔레스타인 땅(서안 지구, 가자 지구)에는 팔레스타인 자치 정부가 세워집니다. PLO는 이 자치 정부를 다스리게 됐고, PLO 내 가장 강력한 세력인 파타가 그 주도권을 잡습니다. 팔레스타인을 장악한 파타는 매우 흡족했죠.

그런데 평화 노선으로 갈아탄 파타에 배신감을 느낀 팔레스타인인들은 등을 돌립니다.

팔레스타인인 반이스라엘 투쟁 단체로 시작한 PLO의 파타가 갑자기 이스라엘과 평화로운 공존을 선언해? 이게 말이나 되는 일이야? 이런 변절자들… 이제 파타는 팔레스타인을 대표할 자격이 없다!

곧 정통성 문제가 야기된 것입니다. 이때 수면 위에 떠오른 단체가 있었으니, 바로 하마스였습니다. 하마스는 강력한 이슬람 원리주의를 추구했는데, 반이스라엘 시위를 주도하며 민심을 규합하고 있던 터였죠.

이스라엘 말살을 꿈꾸는
하마스

하마스는 이 기회를 놓치지 않고, 적극적으로 자신을 홍보했습니다. 각종 반이스라엘 투쟁의 최전선에 서며, 주민들에게 일자리, 교육, 의료 지원을 제공하고 민심을 얻었습니다.

반면 파타는 노선을 바꾼 데 더해 내부적으로 부정부패까지

만연해 있었습니다. 그 때문에 팔레스타인인은 상대적으로 더 깨끗한 하마스를 지지했죠. 물론 하마스도 뒤로는 체포, 구금, 살해를 통해 반대파들을 처리하고 있었지만 말입니다.

그러던 중 2006년, 팔레스타인 자치 정부 총선거에서 충격적인 일이 벌어졌습니다. 하마스가 선거에 출마해, 원래 집권 정당이던 파타를 이기고 무려 132석 중 74석을 차지하게 된 것이었죠.

순식간에 권력을 얻은 하마스는 자신감을 얻고, 급기야 2007년 군대로 급습해 파타를 몰아낸 후 가자 지구를 차지합니다. 그렇게 팔레스타인 땅은 하마스의 가자 지구, 파타의 서안 지구로 나뉘어 현재에 이르게 됐습니다.

문제는 권력을 잡은 하마스의 목표가 '이스라엘 완전 말살'이라는 것입니다. 이 정통성을 유지하기 위해 이스라엘에 온갖 자폭 테러를 가했고, 수많은 미사일을 발사했으며, 이에 이스라엘은 소탕 작전을 펼쳤습니다. 20년 가까이 양측 사이에 수시로 갈등이 벌어졌고, 결국 2023년의 이스라엘·하마스 전쟁으로 비화됩니다.

그런데 하마스는 왜 2023년, 이스라엘에 대한 대규모 공격을 강행한 걸까요? 분명 그 이상의 보복을 당할 게 뻔한데 말이죠.

당시 이스라엘과 사우디아라비아의 관계 개선을 시작으로, UAE, 바레인 등 각종 아랍 국가들이 이스라엘과 관계 정상화를 시도하고 있었습니다. 하마스는 이에 위협을 느꼈고, 이런 평화 분위기를 반전시키기 위해 전쟁을 일으켰다고 보는 시각이 주도적입니다. 중동에 평화 분위기가 조성되면 투쟁을 추구하는 하마스의 입지가 약해지고, 반대로 이스라엘과의 평화적 관계를 추구하는 파타의 입지가 강해지기 때문이죠.

현재 하마스는 가자 지구만 장악하고 있어서 이스라엘을 몰아내기 위해서는 힘을 더 키워야 하고, 힘을 키우려면 서안 지구까지 장악해 세력을 키워야 합니다. 그 뒤 더 성장해 이스라엘을 몰아내는 것이 그들의 궁극적 목표죠. 그러려면 서안 지구를 장악한 파타 세력을 약화시켜서, 그 틈으로 비집고 들어가야 합니다. 그러나 아랍과 이스라엘의 관계가 개선되면 오히려 파타 세력이 커질 수 있습니다. 그래서 하마스가 이스라엘을 공격했고, 이스라엘이 반격에 나설 수밖에 없도록 만들었다는 주장도 있습니다.

이스라엘에 의해 폭격당한 가자 지구

많은 팔레스타인인이 목숨을 잃으면, 같은 아랍인의 죽음을 지켜보는 주변 아랍 국가 국민은 자연스럽게 '아랍인의 목숨을 저렇게 많이 빼앗다니 이스라엘과의 관계 개선은 다시 생각해 봐야겠는데?'라는 감정을 갖게 됩니다. 실제로 세계적으로 반이스라엘 여론이 생기고 있고요.

중동 및 국제사회에 반이스라엘 정서를 심화시켜 자신의 정체성을 확고히 하는 것이 하마스가 원하는 바입니다. 그래서 이스라엘이 지상 작전을 벌여 왔지만, 사실 하마스는 목표를 이미 달성했다는 의견이 중론입니다. 반이스라엘 정서는 고조됐고, 하마스의 입지는 나름 다져졌기 때문입니다.

어차피 이스라엘도 하마스를 완전히 뿌리 뽑지는 못합니다. 가자 지구가 존재하는 한 하마스는 계속해서 명맥을 이어 나갈 것이고, 그렇다고 200만 명이 넘는 가자 지구 인구를 소멸시킬 수도 없을 테니까요.

이스라엘과 이란은
철천지원수 사이?

이스라엘과 하마스의 전쟁이 계속되던 시기, 전쟁의 확전 여부가 뜨거운 감자였습니다. 사실 이란을 제외한 다른 아랍 국가들의 참전 가능성이 크지 않았습니다. 그들은 재정 위기, 인구 세대교체에 따른 변화 등으로 먹고살기 바쁘니까요. 또 앞서 말했듯, 아랍 국가들은 같은 민족인 팔레스타인인보다 자신들의 이익 추구에 더 관심이 많습니다.

하지만 이란과 헤즈볼라(레바논의 이슬람 시아파 정당 조직)는 이스라엘이 레드라인(포용 정책을 봉쇄 정책으로 바꾸는 기준선)을 넘을 경우, 참전할 것임을 시사했습니다. 헤즈볼라는 하마스보다 더 강력한 대이스라엘 무장 투쟁 단체로, 이들은 이란의 지원을 받고 있습니다. 즉, 이란이 전쟁의 키를 쥐고 있다는 뜻이었죠.

2024년 11월 말, 이스라엘의 집중 공격을 버티지 못한 헤즈볼

이란의 유일한 핵 발전소 '부셰르' 원전

라가 이스라엘과 협정을 맺으며 전선에서 이달했지만, 이란과 이스라엘은 여전히 철천지원수 사이입니다. 이란은 예전부터 이스라엘에 관해 지구상에서 사라져야 한다는 등 초강경 발언을 해왔고, 양측은 핵 문제를 둘러싸고 큰 갈등을 벌인 적도 있습니다.

2002년, 이란이 비밀리에 핵 개발을 진행한 사실이 폭로됐는데, 당시 이스라엘은 중동에 핵보유국이 생기는 것을 재앙으로 여겼습니다. 그래서 이를 막기 위해 이란의 핵 과학자를 암살하고, 핵 시설에 사이버 공격까지 벌였으며, 여차하면 이란 핵 시설에 대한 선제 타격 가능성까지 내비쳐 왔습니다.

하지만 의외로 전문가 중 상당수는 이란의 참전 가능성이 낮다고 말했습니다. 심지어 이란과 이스라엘이 겉으로는 싸우지만, 속으로는 공생 관계를 구축해, 서로 도움을 주고받는 관계라는 분석까지 있습니다. 이는 무슨 뜻일까요?

정권 유지를 꿈꾸는
이란의 전략

사실 두 나라가 싸워야 할 근본적인 이유는 없습니다. 이 둘은 지리적으로 분리돼 있으며, 민족적으로도 갈등이 그리 크지 않죠. 오히려 이란 왕정 시절에 두 나라는 친밀하기까지 했습니다. 하지만

1979년 이란·이슬람 혁명이 일어난 후, 이란은 왕정에서 철저한 이슬람 국가가 됐습니다. 그 이후부터 유대교인 이스라엘과 크게 대립하게 된 것이죠.

하지만 그럼에도 이란은 오히려 '정권 유지'에 이스라엘을 이용했습니다. 이란은 핵 개발 사실이 폭로된 이후 미국, EU, UN의 3중 경제 제재로 엄청난 타격을 입었습니다. 이란 이슬람 정권은 그런 서방의 제재와 비난으로부터 어떻게든 정권을 지켜내야 했죠. 이때 그들이 선택한 것은 서방 세계, 나아가 이스라엘을 비난해 정체성을 지키는 것이었습니다. 그들은 이렇게 주장했죠.

이란 이슬람 정권   서구 제국주의 세력들, 그리고 그들의 비호로 형성된 이스라엘은 제재로 이란을 무너뜨리려 하고 있다! 우린 절대 굴하지 않는다. 특히 같은 모슬렘인 팔레스타인인을 탄압하는 이스라엘을 결코 용서 못 해! 서방과 이스라엘에 맞서는 것이 바로 우리 이란 이슬람 정권의 존재 이유다!

이란은 이스라엘과 팔레스타인 문제를 이용해서 대외적으로는 이슬람 정권의 정당성을 확보했고, 동시에 이란 내부를 이슬람이라는 키워드로 단결시켰습니다. 또 국민의 불만을 다른 데로 돌리는 데에도 이스라엘을 이용했죠. 그들은 제재로 인한 경제 불황,

특유의 권위적인 통치로 인해 국민들의 큰 반대에 맞닥뜨려 왔습니다. 그러자 역대 이란 대통령들은 이스라엘을 비판함으로써, 그 불만을 외부로 돌렸죠. 툭하면 국제무대에서 이스라엘과 대립각을 세웠습니다.

그 결과, 이스라엘과 국제사회의 여론은 이란에 싸늘했고 엄청난 비난을 가했는데, 상황이 이렇게 되니 이란 국민들 사이에서 공포 분위기가 조성됐습니다.

이란 국민들 전 세계가 이란을 비판하네. 거기다 핵을 가진 이스라엘도 위협적이고…. 이란 정권은 싫지만 이럴 때 우리가 정권에 저항하면 국가 자체에 큰일이 날지 몰라.

이렇게 국민들이 정권에 대항하기 어려워지는 효과가 있던 겁니다. 이에 더해 이란 정권은 2020년 '이스라엘의 행위에 맞서기 법'을 제정해 이스라엘 단체와 교류를 엄격하게 금지하고, 어길 경우 처벌할 수 있게 했습니다. 하지만 이는 국내 이란 정권의 반대파들을 탄압하는 데 쓰일 가능성이 큽니다. 체제에 반대하는 이들에게 '친이스라엘 세력'이라는 프레임을 씌워 응징하는 것이 가능하니까요.

이런 대내적 이유 외에 대외적으로도, 이란은 국익을 위해 미국과의 협상에서 이스라엘을 이용했습니다. 미국은 항상 중동 평화 문제로 골머리를 앓았고, 이를 해결하기 위해 이란과 소통해 왔습니다.

이란   원한다면 우리가 이스라엘의 존재를 인정하고 양보하죠. 강경책도 풀고요. 그 대신 대가로 미국이 우리에게 각종 이권을 제공해 주시오. 경제 제재도 느슨하게 해주고요. 그럼 우리가 평화를 위해 노력하겠소.

실제로 2003년 쓰인 〈이란·미국 평화안〉이라는 문서를 보면, 이란이 이를 목적으로 먼저 미국에 접근했다는 걸 알 수 있습니다.

내부 위기를 외부로 돌리는
이스라엘의 전략

다방면으로 이스라엘을 활용한 이란. 그런데 이스라엘은 가만있었을까요? 이스라엘 역시 만만치 않게 이란을 이용했습니다.

현 이스라엘 총리 네타냐후부터가 그렇습니다. 그는 2019년 뇌물 수수 혐의로 엄청난 위기에 처했는데, 그때 이렇게 위기를 피했습니다.

베냐민 네타냐후 이스라엘 총리

네타냐후   이스라엘 국민들이여, 지금 우리는 거대한 핵 개발 국가 이란의 위협으로부터 심각한 안보 위기 상황을 맞았습니다. 그러니 부정부패 의혹 같은 사소한 문제는 접어두고 이란이라는 엄청난 위협에 단결하여 맞서야 합니다!

이스라엘 내에서 주택, 실업 문제 등 위협적인 이슈가 생길 때, 네타냐후는 이란 위협을 내세우며 피해 갔죠. 또 이스라엘도 이란 이슬람 정권이 대이스라엘 초강경 발언을 쏟아낼 때마다 정체성을 강화하고 단결을 도모할 수 있어, 서로를 이용해 온 것입니다.

이스라엘 정부 이슬람 국가가 저렇게 우리를 옥죄고 위협한다. 우리 이스라엘은 더 굳건하게 무장해야 하고, 이슬람 세력에 맞설 교두보로서 반드시 존재해야 한다.

팔레스타인은 가자 지구의 하마스, 서안 지구의 파타로 나뉘어 있습니다. 그런데 이란은 하마스만 집중적으로 지원하고, 파타는 좀처럼 지원하려 하지 않고 있죠. 사실 팔레스타인이 지금보다 성장하려면 가자 지구와 서안 지구를 통합해야 하는데, 오히려 이란은 분열을 유지하는 데 애쓰는 모양새인 것입니다.

이는 역설적으로 이스라엘에도 도움이 됩니다. 팔레스타인이 통합돼 강력해지는 것보다 지금처럼 둘로 나뉘어 있는 것이 통제하기 편하니까요.

이것이 이란의 의도인지는 명확히 알 수 없습니다. 다만 이스라엘이 현 상태를 유지하는 것이 이란에도 손해가 아니기에, 차등 지원을 유지한다고도 볼 수 있겠죠.

이란과 이스라엘, 계속 공생할 수 있을까?

물론 이런 공생 관계를 무너뜨릴 변수도 여럿 있습니다. 먼저 이란의 핵 시설이 변수입니다. 이스라엘은 이란의 핵 개발을 매우 경계해 왔습니다. 하지만 이란의 핵 개발은 상당히 진척돼, 최근에는 불과 몇 주면 핵무기 생산이 가능하다는 추정이 나오기도 했습니다. 그래서 이스라엘은 이란의 핵 시설을 선제 타격할 가능성을 내비쳐왔는데, 이는 현실화됐습니다. 이스라엘이 하마스와 전쟁하는 상황에서 이란 핵 시설까지 폭격하기는 어렵다는 관측이 많았지만, 이스라엘이 2025년 6월, 가자 지구를 공격하는 와중에 미사일로 이란의 핵 시설을 선제 타격한 것입니다.

이란의 군사기지는 초토화됐고, 저명한 핵 과학자, 군사 지도자, 고위급 지휘관들이 대거 목숨을 잃었습니다. 네타냐후 총리가 발표한 공격 명분 또한 이란의 핵 개발에 대항해 자국을 지킨다는 것이었습니다. 이에 이란은 없는 살림에 자폭 드론까지 내보내며 필사적으로 싸웠지만, 미국까지 공격에 가세한 상황에서 결국 12일 만에 휴전에 합의했습니다.

이란 내부 상황은 몹시 열악합니다. 국제사회의 제재로 40%가 넘는 인플레이션을 기록 중이고(2025년 기준), 20대 청년의 실업률은 20%에 가까우며, 국민들은 시위를 멈추지 않고 있습니다. 이런 상황에서 군사·경제력으로 우월한 이스라엘의 공격을 받으니, 이란 정권의 손해는 막심했죠.

두 번째 변수는 이란의 야심입니다. 이란은 시아파(수니파와 대립하는 수니파 이외의 모든 이슬람교 분파) 이슬람 세력의 맹주를 자처하며, 중동에서의 세력 확장을 꿈꾸고 있습니다. 그래서 중동 각지에 하마스, 헤즈볼라, 후티 반군 같은 친이란 무장 조직을 육성해 영향력을 키워갔죠. 따라서 시아파와 철천지원수인 수니파 이슬람 국가들은 이를 경계하고 있고, 이스라엘 입장에서도 이란의 야심은 부담스러운 측면이 있습니다. 결과적으로는 이스라엘이 이란을 선제공격함으로써, 야심이 실현되기도 전에 큰 타격을 입게 됐지만 말이죠.

이렇듯 이란과 이스라엘은 기묘한 공생 관계를 구축하고 있었지만, 이번 전쟁으로 이스라엘이 힘의 우위를 기반으로 공생 관계보다 전쟁을 택할 확률이 높다는 게 세상에 드러났습니다.

러시아·우크라이나 전쟁에 이어 중동까지, 세계의 화약고라 평가되던 곳들이 연이어 폭발하고 있습니다. 짧았던 평화의 시대가 끝나고 이제 전쟁에 대비해야 하는 시대가 온 것 아닌가 하는 불안감도 싹틉니다. 그래도 전 세계의 노력을 통해 최대한 평화롭게 갈등을 해결하는 분위기가 다시 오기를 바랍니다. 전쟁이 남기는 것은 언제나 더 많은 희생뿐이라는 사실은 변하지 않으니까요.

{ **이스라엘·하마스 갈등의 주요 사건** }

1987~1993년: 하마스의 등장

1987년
팔레스타인 민중 저항 운동이 시작되면서, 하마스의 조직화 기반 형성

1993년
오슬로 협정

2000년
제2차 인티파다 발발, 무장 충돌 격화, 하마스 무장 활동 강화

2008년~현재: 반복적 분쟁과 대규모 전면전

2008~2014년
하마스의 로켓 공격과 이스라엘의 대규모 공습 반복

2017년
미국의 예루살렘 수도 인정으로 평화협상 중단

2021년
예루살렘 분쟁을 계기로 전쟁 발발

2005~2007년: 가자 통제권 확보

2005년
이스라엘,
가자 지구 철수

2007년
하마스,
가자 지구 장악

2023년
하마스의 기습 공격,
가자 전역에 대한
이스라엘의 폭격 및
전면전 확대

3장 · 종교 ·

사회 구조를 형성한 핵심 동력

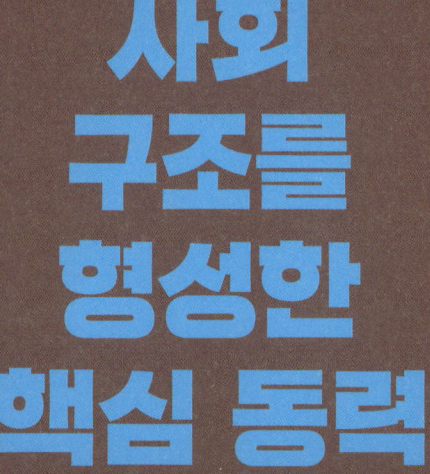
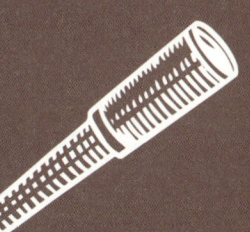

• 영국 •

종교 갈등은 어떻게 민주주의의 기반이 됐을까?

영국은 독특한 정치 체제를 갖고 있습니다. 왕이 있지만 상징적 존재일 뿐, 실질적 통치는 총리와 내각이 하고 있죠. 즉, 마거릿 대처 총리 같은 실권자가 국정을 운영하는 의원내각제의 정부 형태로, 의회가 중심이 되어 나라를 이끌어 갑니다.

이런 신기한 체제는 어떻게 만들어졌을까요? 다들 한 번쯤 들어봤을 청교도혁명과 명예혁명을 통칭하는 '영국혁명' 덕분입니다. 청교도혁명 때 잉글랜드 의회가 국왕이던 찰스 1세를 처형했고, 명예혁명 때 당시 국왕이던 제임스 2세를 몰아낸 뒤 의회 중심의 입헌군주제 체제를 확립했죠. 이로써 영국 의회민주주의의 초석이 다져졌습니다.

그런데 이 사실이 종교와 무슨 관련이 있을까요? 민주주의의 초석을 제공했다고 평가받는 영국혁명은 사실 종교 갈등에서 비롯됐습니다. 민주주의와 종교, 거리감 있어 보이는 두 가지 요소는 대체 어떻게 연결돼 있을까요?

새로운 계급이 꿈꾸던
새로운 세상

17세기, 당시 잉글랜드 왕국(이하 잉글랜드) 사회는 변화하고 있었습니다. 특히 모직물 공업을 중심으로 한 제조업의 성장과 해외무역 확장이 새로운 사회계층을 탄생시켰습니다. 그들은 바로 부유한 시민 계급. 이들은 경제력을 바탕으로 성장해, 영국 하원의 상당 의석을 차지합니다.

그리고 함께 하원을 장악한 또 하나의 계급이 바로 '젠트리' 계층으로, 이들은 농촌의 부유한 지주층이었습니다. 잉글랜드 의회의 하원을 꽉 잡고 있던 도시 상공업자와 농촌 부유층 연합의 공통점은 바로 '청교도'라는 점이었습니다.

청교도는 종교개혁의 아버지 장 칼뱅의 교리를 따르던 개신교 분파로, 각자의 직업을 하나님이 주신 소명으로 여기며, 검소하고 근면한 금욕적 삶을 추구했습니다.

종교개혁을 이끈 장 칼뱅의 초상화(1550년경)

이는 기존 서양 종교계를 이끌던 주류 종교 '가톨릭'과는 달랐습니다. 가톨릭이 면죄부를 사고팔며 타락하자, 이에 거부하며 종교를 개혁하고자 탄생했기 때문이죠.

'청교도Puritan'는 그 유래가 'Pure(순수한)'인 것에서 볼 수 있듯, 성경과 엄격하게 일치된 삶을 추구했습니다. 오직 성경만을 권위 있다고 여겼고, 가톨릭이 내세우는 주교 제도를 거부했습니다.

이들에게는 불만이 있었습니다. 당시 잉글랜드의 스튜어트 왕조는 헨리 8세가 가톨릭에서 분리시키며 만든 성공회를 믿었는데, 성공회는 잉글랜드 국왕을 종교의 수장으로 삼습니다. 이는 청교도들이 보기에 탐탁지 않아 보였습니다. 국왕이 종교의 수장이라니 너무 큰 권력을 갖는 데다, 말은 개신교라고 하지만 주교 제도나 예배 의식 등은 사실상 가톨릭과 유사했기 때문이죠.

다시 17세기 잉글랜드 사회로 돌아가 보겠습니다. 당시 잉글랜드 국왕 제임스 1세는 '왕권은 신으로부터 부여됐다'는 왕권신수설을 믿으며, 청교도를 탄압했습니다. 17세기, 전 유럽에서는 가톨릭과 개신교 간에 30년간이나 종교 전쟁이 벌어졌는데(30년 전쟁), 영국도 이 흐름에 휩쓸리지 않을 수 없었고, 영국 내 청교도들 역시 가톨릭 잔재가 남아 있던 영국 성공회를 개혁하고 싶었습니다. 하지만 국왕이 이를 좋아할 리 없었고, 왕과 영국 의회의 반목은 커져만 갔죠.

그러던 1625년, 제임스 1세가 죽고 그 뒤를 이어 25세의 찰스 1세가 왕위에 오릅니다. 그는 자기 아버지보다 더 강력하게 청교도들을 탄압했습니다.

찰스 1세   왕의 권력은 하나님에게서 오는 것. 의회 따위가 왕을 제약할 수 없다!

그의 측근 윌리엄 로드 대주교는 고등종교재판소를 통해 청교도를 박해했고, 훗날 1637년 6월 30일에는 청교도 목사 세 명의 귀를 자르는 형벌까지 내립니다. 국왕의 탄압이 거셌던 가운데 청교도들은 위기감에 휩싸였고, 청교도가 다수인 영국 의회는 이대로 있을 수 없다고 판단했습니다.

그러던 1628년, 역사의 전환점이 되는 사건이 벌어집니다. 의회가 찰스 1세에게 '권리청원'을 제출한 것이죠. 불법 체포와 구금, 의회 승인 없는 과세 금지 등이 핵심인 청원서로, 처음으로 의회가 국왕의 권력에 도전한 것입니다. 찰스 1세는 불쾌했지만, 그간 자신이 한 일도 있고 똘똘 뭉친 의회의 기세에 이기지 못해 마지못해 승인합니다. 하지만 그에게는 계획이 있었죠.

1년 뒤, 그는 국왕의 권한으로 의회를 해산해 버립니다. 모두가 방심하던 시점이었죠. 의회 해산권은 법으로 보장되는 권리였기에 의회도 이를 막을 수 없었습니다. 그때부터 찰스 1세는 무소불위로 권력을 휘둘렀습니다. '11년의 독재'의 시작이었죠.

찰스 1세는 '선박세(해안에서만 걷던 세금)'를 내륙까지 확대했는데, 젠트리 계층이던 존 햄든이 "의회 승인 없는 세금은 불법"이라고 거부했으나, 재판 결과는 7대 5로 왕의 승리였습니다. 독재는 계속됐고, 의회는 때를 기다릴 수밖에 없었습니다.

그러던 1637년, 찰스 1세가 치명적인 실수를 저지릅니다. 당시 잉글랜드의 왕은 스코틀랜드의 왕까지 겸하고 있었지만 사실상 독립된 왕국이었고, 스코틀랜드는 '스코틀랜드 장로교'를 믿고 있어 종교도 달랐죠.

그런데 찰스 1세가 난데없이 스코틀랜드에 성공회식 예배 의식을 강제로 도입하려 합니다. 궁극적으로는 두 나라 간의 종교 통일을 도모하려는 의도였지만, 이는 한 나라의 종교의식을 송두리째 바꾸려는 막장 명령으로 스코틀랜드 전역이 들고일어납니다.

스코틀랜드인들은 장로교 체제를 지키기 위해 결사적인 전쟁을 벌입니다. 바로 1639년부터 1640년에 걸친 제1, 2차 주교 전쟁이 그것이었죠.

성공회 예배에 대한 억압에 폭동을 일으킨 스코틀랜드인들(1650)

재판에 의해 처형된
최초의 국왕

벌집을 건들고 만 찰스 1세는 어떻게 됐을까요? 왕당파 군대를 이끌고 출병했지만, 결국 참패하고 맙니다. 스코틀랜드군이 강력히 맞섰을뿐더러, 잉글랜드인이 독재 국왕 대신 스코틀랜드 편에 선 것입니다.

결국 찰스 1세는 스코틀랜드와 조약을 맺고, 막대한 배상금을 내야 하는 처지가 됩니다. 왕실 재정이 파탄 나 빈털터리가 된 찰스 1세는 의회의 돈이 필요해졌습니다. 결국 1640년 11월 3일, 11년 만에 의회를 다시 소집합니다.

11년간 분노를 쌓아왔던 청교도 의원들은 즉시 찰스 1세의 측근들을 탄핵했고, 그중 찰스 1세의 명을 철저히 받들어 탄압 정책을 벌였던 토머스 스트래퍼드 백작을 처형합니다. 두려움을 느낀 찰스 1세는 처형에 마지못해 동의했지만, 이는 자신의 운명을 예고하는 것이었습니다.

한편 1641년 10월, 아일랜드에서는 대반란이 벌어집니다. 잉글랜드는 오랫동안 토착 가톨릭 아일랜드인의 토지를 빼앗고, 정치·종교적으로 차별했습니다. 그러자 결국, 아일랜드인들이 가톨릭 신앙과 토지를 되찾기 위해 무장 반란을 벌인 것이었습니다.

의회는 즉시 군대를 파견하려 했지만, 의회 일각에서 '찰스 1

찰스 랜드시어가 그린 네이즈비 전투 현장의 크롬웰

세가 아일랜드 진압을 빌미로 군대를 모아, 의회를 공격할 수도 있다'는 불안감이 확산됐습니다. 그 순간, 사실 여부를 떠나 왕과 의회는 깨닫게 됩니다. 아무리 서로 힘을 합치려 해도 이미 신뢰는 무너졌고, 둘 중 하나가 사라져야 나라가 존속된다는 사실을요.

1642년 1월 4일, 발 빠르게 움직였던 찰스 1세는 의회 의사당에 직접 들어가 존 핌 등 의원 다섯 명을 체포하려 합니다. 그러나 주요 의원들은 이미 자리를 피한 후였죠. 미수에 그친 체포 작전. 이를 기점으로 왕실과 의회는 완전히 갈라섭니다.

찰스 1세는 런던을 떠나 1642년 8월 22일 노팅엄에서 왕기를 올렸고, 의회 역시 군대를 소집합니다. 왕의 군대와 의회 군대의 격돌, 바로 잉글랜드 내전의 시작이었습니다.

왕당파는 초기 전투에서 의회군을 압도합니다. 노련한 장수 프린스 루퍼트의 정예 기병대와 명확한 지휘 체계가 있었기 때문입니다. 그러나 이때 의회파에 구원자가 등장했으니, 40대 초반에 의회에서 두각을 드러낸 의원 '올리버 크롬웰'이었죠. 그는 혼란기가 닥치자 숨겨왔던 군사적 재능을 발휘합니다.

크롬웰은 '철기군'을 창설해 왕당파에 맞섰는데, 이 군대는 놀라울 정도로 효율적이었습니다. 연고가 아닌 실력으로 지휘관을 뽑았고, 병사들은 모두 독실한 청교도로 구성돼 왕당파보다 엄격하고 체계적인 훈련을 거듭했습니다. 진격할 때는 성경을 암송한 뒤 전투에 임했을 정도였죠. 또 전투 중에도 병사들에게 급여 지급을 늦

추지 않으며, 사기를 높였습니다.

그렇게 1644년 7월 2일, 크롬웰의 철기군은 마스턴 무어 전투에서 왕당파 루퍼트의 기병대와 맞붙고는 완파해 버립니다. 이후 크롬웰은 1645년에 창설된 신모범군의 지휘관이 되어, 1645년 6월 14일 네이즈비 전투에서 왕당파를 완전히 궤멸합니다.

죽어도 의회군에 항복하기 싫었던 찰스 1세는 엉뚱하게도 스코틀랜드군에 항복했지만, 자기들을 탄압하던 스코틀랜드가 찰스 1세를 좋게 볼 리가 없었죠. 결국 1647년 1월, 스코틀랜드는 40만 파운드를 받고 찰스 1세를 잉글랜드 의회에 넘깁니다.

찰스 1세 스코틀랜드가 날 팔아넘겨? 하늘이 왕을 버리는구나!

그리고 전 유럽 최초로, 국왕이 의회에 의해 재판을 받는 초유의 사건이 벌어집니다. 재판 과정 중 찰스 1세의 개인 서한에서, 그가 비밀리에 외세(아일랜드 가톨릭 세력과 프랑스)에 지원을 요청한 흔적이 발견됩니다. 그리고 의회는 이를 반역죄의 증거 자료로 제출합니다.

결국 찰스 1세는 특별 재판에서 유죄를 선고받았고, 곧 1649년 1월 화이트홀 연회장 밖에서 참수됩니다. 이는 의회에 의해 국왕이 처형된 세계사 최초의 사건으로, '청교도혁명'이라 불립니다. 이로써 왕정이 무너지고 공화정 시대가 열렸습니다.

찰스 1세의 처형은 종교적으로도 의미가 깊었습니다. 청교도들은 국왕의 권위가 신에게서 왔다는 것을 부정하지 않았습니다. 그러나 국왕이 만백성의 권리를 보호하는 신의 뜻에 반한다면, 저항할 권리가 있다고 믿었습니다. 이는 군주라도 신의 뜻을 거스르면 처형할 수 있다는, 새로운 종교적 패러다임을 제시한 것이죠.

새로운 시대는 쉽게 오지 않는다

새로 도래한 공화정 시대, 과연 평화가 찾아왔을까요? 안타깝게도 평화 대신 온 것은 독재였습니다. 의회는 왕을 몰아냈지만, 권력을 잡은 것은 처음이었습니다. 국왕을 처형할 결의는 있었지만, 나라를 통치할 경험은 부족했죠. 그러자 사실상 왕과 비슷한 사람이 다시 의회를 이끌게 됩니다. 혁혁한 군사 영웅 올리버 크롬웰이었습니다.

국왕이 처형된 뒤 영국은 공식적으로 공화국이 됩니다. 이론적으로 의회에 상당한 권력이 주어졌지만, 큰 공을 세운 영웅이자 군 최고 지도자였던 크롬웰은 자신만이 잉글랜드를 다스릴 수 있다고 여기며 절대 권력을 추구합니다.

그는 1653년에 의회를 강압적으로 해산하고, '호국경 Lord Pro-

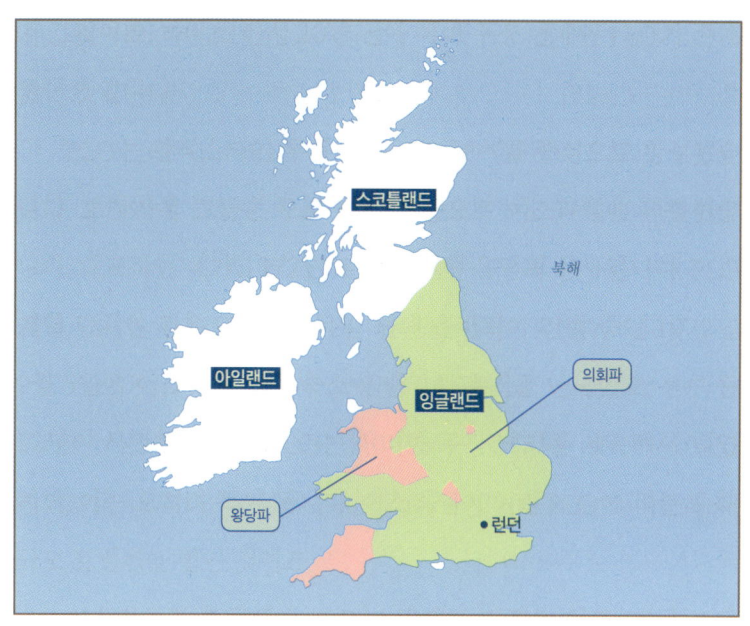

크롬웰이 승리한 1645년, 의회파와 왕당파 분포도

tector'이 됩니다. 이는 '영연방의 수호자'라는 뜻으로, 사실상 무제한의 권력을 갖게 된 것이었죠.

독재자 크롬웰은 찰스 1세보다 더 억압적인 정책을 폈습니다. 스포츠, 콘서트, 연극, 교회 축제 등을 모두 중단시켰고, 엄격한 청교도 윤리로 금욕적 생활을 전 국민에게 강요했습니다. 상상할 수 없는 처사에 국민의 불만은 폭발했습니다. 하지만 군대를 장악한 크롬웰을 견제할 권력은 없었고, 1658년에 그가 말라리아로 죽을 때까지 공포정치는 계속됐습니다.

그의 사후에는 크롬웰의 아들 리처드가 권력을 이어받았는데, 불행인지 다행인지 아들에게는 그만한 능력이 없었습니다. 군사적 배경도 없었고, 고위 장교들은 그의 권위를 인정하지 않았으며, 아버지가 남긴 막대한 빚에 시달렸죠. 결국 그는 군부의 반란으로, 재위 9개월 만에 사임하고 유럽으로 도망쳤습니다.

갑자기 권력의 공백이 생겼습니다. 수백 년간 왕이 통치하는 관습에 익숙했던 잉글랜드는 왕을 그리워하며, 다시 국왕을 모셔옵니다. 아이러니하게도 그들이 처형했던 찰스 1세의 아들, 찰스 2세를 말이죠. 결국 1660년 5월 29일, 찰스 2세가 런던에 입성하며 왕정복고가 이루어집니다.

하지만 왕실이 완전히 복원된 것은 아니었습니다. 아버지의 운명을 알고 있었던 찰스 2세는, 초기에는 의회와의 정면충돌을 피하고 협력을 추구했습니다. 국왕의 위신이 떨어진 가운데 처신을 잘 한 것이죠. 하지만 그 역시도 즉위 후반기로 가면서, 자신의 권리를 더 확보하기 위해 의회와 빈번히 충돌합니다. 역시 국왕과 의회는 대립할 수밖에 없는 운명이었죠.

문제는 그의 사후인 1685년, 동생인 제임스 2세가 왕위에 오르면서 불거집니다. 그는 독실한 가톨릭 신자로, 노골적으로 전제정치를 부활시키려던 야심만만한 인물이었습니다. 1687년에 가톨릭교도에게 신앙의 자유를 허용했고, 장관과 고위 관료 자리에 가톨릭 신자들을 임명했습니다. 이에 의회가 항의했지만, 제임스 2세

위그노 신자 학살을 그린 프랑수아 뒤부아의
〈성 바르톨로메오 축일의 학살〉

는 콧방귀도 뀌지 않았죠. 성공회교도인 찰스 1세를 몰아냈더니, 가톨릭 전제군주를 꿈꾸는 제임스 2세가 나타난 셈이었습니다.

결정적으로 1688년 6월, 제임스 2세에게 드디어 아들 제임스 프란시스 에드워드가 태어났는데, 만약 아들이 왕위를 계승한다면 잉글랜드에 영구적인 가톨릭 왕조가 세워질 판이었습니다.

이때 마침 프랑스에서는 악명 높은 위그노(프랑스의 칼뱅주의 개신교도) 박해 정책이 벌어집니다. 가톨릭 왕국 프랑스의 루이 14세는 강력한 가톨릭 강압 정책을 통해 위그노를 탄압했고, 이때 4~5만 명의 위그노가 영국으로 도망쳐 옵니다. 그들은 학살에 관해 생생히 증언했는데, 이를 들은 영국 청교도들은 이런 생각을 하게 됩니다.

영국 청교도들   제임스 2세가 계속 집권하면 영국도 프랑스처럼 될지 몰라.

불안했던 영국 의회는 어떻게든 평화적으로 왕을 교체할 방법을 찾습니다. 이때 문제를 해결할 적임자가 나타났으니, 바로 네덜란드 총독이자 제임스 2세의 사위였던 윌리엄 공이었습니다. 그는 가톨릭에 반대하면서도, 영국 왕가의 혈통을 가진 사람이었죠.

영국 의회파 청교도들은 윌리엄에게 "잉글랜드 왕으로 즉위하여, 가톨릭으로부터 잉글랜드를 구원해 달라"라는 초청장을 비밀리에 보냅니다.

이는 윌리엄에게도 수지맞는 장사였죠. 네덜란드 총독이던 그가 잉글랜드의 왕을 겸할 수 있었고, 잉글랜드와 프랑스와의 동맹 가능성을 차단해, 유럽 내에서 가톨릭 세력이 부활하는 것을 막을 수 있었으니까요.

종교 혁명으로 시작된
자유와 민주주의

1688년 11월 5일, 윌리엄의 군대가 잉글랜드 토베이의 드봉 해안가에 상륙합니다. 그는 또다시 찰스 1세 때의 잉글랜드 내전 같은 대규모 전투가 벌어질까 봐 초조했으나, 놀랍게도 피를 전혀 흘리지 않고 혁명에 성공합니다. 싸우기는커녕 제임스 2세의 군대가 윌리엄에게 속속들이 투항한 것이었죠. 도대체 왜 그랬을까요?

왕당파도 본질적으로는 성공회교도였습니다. 성공회 역시 청교도처럼 가톨릭에 반발해 생긴 개신교의 일파였죠. 가톨릭만은 안 된다는 공동의 목표가 있었고, 영국 왕당파 역시 의회파와 비밀리에 연합한 상태였습니다.

이런 상황이 벌어지자 제임스 2세는 크게 당황합니다. 하지만 이미 귀족과 군 고위 장교들은 대거 배신한 뒤였고, 심지어 제임스 2세의 딸 메리와 앤까지 윌리엄 편에 선 것이죠. 결국 제임스 2세는 프랑스로 도망갈 수밖에 없었습니다.

윌리엄과 그의 아내 메리는 열렬한 환영을 받으며 런던에 입성했고, 1689년 2월 의회는 '권리선언'을 발표하며 윌리엄과 메리를 공동 왕으로 추대합니다. 피를 흘리지 않았기에 '명예혁명(무혈혁명)'이라 불리는 이 즉위 이후에 의회는 조건을 제시했습니다. 바로 왕의 권력을 제한하는 법률을 받아들이라는 것이었죠.

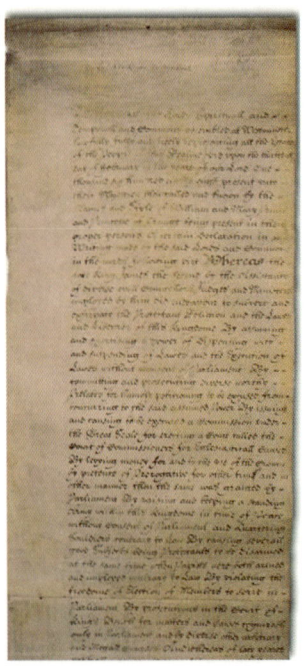

최초의 성문 헌법인 권리장전 문서

1689년 12월, 결국 윌리엄 3세와 메리 2세는 권리선언을 법률 형태로 제정한 '권리장전'에 서명합니다. 이후 왕권을 대폭 축소하고, 입헌군주제를 확립한 후 내각 책임제가 정착되면서 '왕은 군림하되 통치하지 않는다'는 원칙이 영국의 전통으로 자리 잡았고, 이는 현대 민주주의의 출발점이 됐습니다.

명예혁명은 영국이 확고한 개신교 국가임을 천명한 사건이기도 했습니다. 가톨릭 왕위 계승을 영구적으로 배제했고, 개신교도에게 신앙의 자유를 부여했기 때문입니다. 그런데 종교가 중심이었던 이 혁명은 아이러니하게도 현대 민주주의에도 크게 기여합니다.

의회의 입법권이 왕권을 제압했고, 종교적 자유와 저항권, 자유주의 사상이 제도화됐습니다. 또 청교도들이 주장한 양심의 자유와 개인의 권리는 오늘날까지도 현대사회를 지탱하는 주요 사상입니다.

하지만 오늘날 민주주의는 각종 전쟁과 독재자, 경제 위기와 극단적 정치로 인해 위기를 맞고 있습니다. 거대한 변혁기인 지금, 다시 영국의 혁명이 새로운 의미로 다가오는 듯하네요.

청교도혁명의 극단적인 전복은 거센 후폭풍과 치열한 내전을 불러왔습니다. 반면 합의와 노력을 통한 명예혁명은 세계관의 평화적 변화를 이루어 냈죠. 지금 우리에게도 급변하는 세계에 발맞춘, 슬기롭고 지혜로운 대처가 필요한 듯합니다.

영국 역사의 주요 사건

기원전 43년~1066년: 로마의 지배

기원전 43년
로마 제국,
브리타니아(옛 영국 이름)
정복

5~6세기
앵글로색슨족 정착,
잉글랜드 형성

1066년
윌리엄 1세의
노르만 정복

1485~1603년: 절대왕정·종교개혁

1588년
엘리자베스 1세,
스페인
무적함대 격파

1603년
제임스 1세
즉위

1603~1688년: 의회 혁명

1642~1649년
청교도혁명으로,
찰스 1세 처형

1660년
찰스 2세로의
왕정복고

1914~1970년대: 세계대전·복지사회

1837~1901년
빅토리아 여왕 재위,
대영제국 전성기

1914~1918년
제1차 세계대전
참전

1939~1945년
제2차 세계대전
참전

1952년
엘리자베스
2세 즉위

1066~1485년: 중세 왕권

1337~1453년
프랑스와의 백년전쟁

1455~1485년
귀족 간의 왕위 쟁탈, 장미전쟁

1485년
헨리 7세 즉위, 튜더 왕조 수립

1534년
헨리 8세 영국 성공회 창설

1707~1914년: 산업혁명·제국주의

1688년
명예혁명, 입헌군주제 확립

1707년
영국·스코틀랜드 통합, 그레이트브리튼 왕국 성립

1760년대~1830년대
산업혁명

1801년
아일랜드 합병, 연합왕국 완성

1973년~현재: 현대 영국

1960년대
인도·식민지 독립, 제국의 해체

1980년대
대처 총리의 시장 중심 개혁

2016년
브렉시트 국민투표 통과

2022년
엘리자베스 2세 서거, 찰스 3세 즉위

세계 최강 스페인 제국이 갑자기 몰락한 이유

'스페인 제국' 하면 무엇이 떠오르나요? 아마도 '무적함대를 보유했던 대제국', '아메리카를 거의 다 차지했던 대항해시대의 지배자'를 떠올리는 분이 있을 겁니다. 하지만 동시에 '갑자기 약해진 국가', '영국, 프랑스에 밀려 세계사에서 묻힌 국가'라는 이미지를 떠올리는 분도 많을 것입니다.

맞습니다. 최전성기 때 스페인은 '해가 지지 않는 나라'의 원조였던 국가죠. 유럽 전체 보유량의 3배에 달하는 은이 드넓은 식민지로부터 흘러 들어왔고, 이를 바탕으로 건조된 스페인 무적함대는 거대한 오스만 제국조차 꺾었습니다. 그런데 이렇게나 잘나갔던 제국이 왜 갑자기 몰락하여 역사의 뒤안길로 사라진 걸까요?

제국 출범 1세기 만에
최전성기를 누린 스페인, 그 시작은?

스페인 제국은, 대제국이 으레 그렇듯 변방의 작은 국가로부터 출발했습니다.

때는 15세기 후반, 유럽 서쪽 끝에 이베리아반도가 있었습니다. 이곳은 당시 카스티야, 아라곤, 포르투갈 등 여러 개의 가톨릭 왕국으로 분열돼 있었는데, 이 왕국들은 이베리아반도 남부의 이슬람 세력과 반도의 패권을 두고 전쟁을 벌이고 있었습니다. 그중 카스티야가 단연 돋보였으니, 원래 소국이던 카스티야는 이슬람을 선봉에서 격파하며 세력을 불리고 반도 내의 유력 실력자가 된 상태

영국 해안의 스페인 무적함대

이사벨 여왕과 페르난도 왕의 결혼식

였거든요.

그런데 이 카스티야에서 능력 있는 공주 '이사벨'이 권력자로 떠오르며, 변화의 바람이 찾아옵니다. 어느 날 이사벨 공주는 옆 나라 아라곤의 왕자 페르난도에게 결혼을 제안하고, 둘은 곧 결혼식을 올립니다. 몇 년 뒤 둘은 각 나라의 왕이 됐고, 이때 이사벨과 페르난도는 서로의 나라를 합쳐 한 나라를 만들었는데 이것이 바로 스페인이었습니다. 스페인은 1492년, 이베리아반도에서 이슬람을 완전히 몰아내고 반도의 지배자로 떠오르게 됐죠.

그해 스페인에는 운까지 따릅니다. 마침 당시 이베리아에서는 인도를 향한 신항로 개척이 한창이었는데, 스페인 역시 이 흐름에 편승하여 콜럼버스의 탐험대를 지원합니다. 그런데 이때 거대한 신대륙 아메리카를 발견하는 행운이 따른 것이죠.

스페인은 아메리카를 정복하며 막대한 부를 창출했고, 영토가 급격히 넓어지면서 16세기 중반 펠리페 2세 시절 '스페인 제국'이 출범합니다. 1492년 건국 후 불과 1세기 만에 역사상 최전성기를 누리게 된 것이죠.

역사의 첫 단추를
잘못 끼우다

여기까지가 15~16세기, 스페인 영광의 시기입니다. 그리고 제국은 곧 몰락의 길을 걷기 시작합니다. 도대체 왜 그랬던 것일까요? 한마디로 요약하면 '역사의 첫 단추를 잘못 끼웠다'고 정리할 수 있습니다.

스페인은 1479년 이사벨과 페르난도가 공동 통치하며 탄생했습니다. 그런데 사실 이 둘의 출신국인 카스티야와 아라곤은 문화도, 법도 꽤 달랐습니다. 하지만 공통점도 있었습니다. 바로 이베리

마지막 남은 이슬람 영토를 정복한 이사벨 1세

아반도 내에서 끊임없이 이슬람 이교도들과 싸워왔고, 그 때문에 다른 어느 나라보다 가톨릭을 강력하게 신봉한다는 점이었습니다.

사실 스페인 이전, 이베리아반도 내 가톨릭 왕국들은 무려 서기 8세기부터 781년이나 이슬람과 전쟁을 치렀습니다. 그리고 마침내 1492년, 이슬람을 몰아내고 승리를 쟁취한 상태였죠.

당연히 스페인의 왕과 백성들은 종교적으로 매우 강경했습니다. 그런데 이것이 그만 독이 돼 버리니, 강력한 가톨릭 사회였던 스페인은 15세기 후반이 되자 이슬람교도뿐만 아니라 다른 모든 이교도를 배척하게 되는데, 그런 스페인인의 눈에 바로 유대인이 들어온 것입니다.

당시 스페인의 인구 6.5%를 차지하던 유대인은 각종 금융업과 무역을 꽉 잡은 채 많은 부를 축적하고 있었고, 스페인인은 이에 불만이 많았습니다. 이교도들이 스페인의 부를 빼앗는 것처럼 보였으니까요. 그리고 공동 왕 역시 같은 생각을 했습니다. 그 결과, 이들은 결정적인 실책을 범하게 됩니다. 1492년, 갑자기 칙령을 발표하게 된 것이죠.

공동 왕 지금 유대인 이교도들이 나라의 부를 잠식하고 있다. 따라서 당장 모든 유대인의 재산을 몰수하고, 유대인들을 추방하겠다!

종교를 명분으로 지나친 탄압 정책을 편 것입니다. 이로 인해 무려 26만에 달하는 유대인이 재산을 몰수당하고, 강제 추방됩니다(알람브라 칙령). 일견 스페인 입장에서는 통쾌할 수 있는 정책이었습니다. 하지만 곧 엄청난 역효과를 불러일으킵니다.

유대인이 막대한 부를 거머쥔 것은 사실이었습니다. 하지만 세금도 엄청나게 내고 있어서, 스페인 재정의 상당 부분이 유대인에게서 온 것이었죠. 그런 유대인의 재산을 몰수했으니, 단기적으로는 자금이 생겼지만 장기적으로는 부자 26만 명분의 세금을 잃은 셈이었습니다.

그리고 1504년에 페르난도 왕이 다시 중대한 실책을 범하죠.

합스부르크가 출신으로 스페인 왕위에 오른 카를 5세

이사벨이 먼저 사망한 후 통치의 주도권을 잡게 된 페르난도는 매우 불안한 상태였습니다. 사실 스페인은 신흥국이었기 때문에 안정화되지 않아, 옆 나라 강국 프랑스가 언제 쳐들어올지 몰랐기 때문입니다.

이때 페르난도가 고안한 방법이 있었으니, 프랑스를 견제하기 위해 프랑스의 경쟁자인 합스부르크가와 연합하는 것이었죠. 그리하여 페르난도는 합스부르크가와 결혼 동맹을 맺었고, 곧 스페인 왕가와 합스부르크가는 혼맥으로 얽히게 됩니다.

이때까진 좋았습니다. 하지만 페르난도가 죽은 뒤에 문제가 생깁니다. 피가 섞이다 보니, 페르난도 사후에 엉뚱하게도 합스부르크가 출신이자 스페인어조차 하지 못했던 이가 왕위를 계승한 것입니다. 그렇게 합스부르크가의 카를 5세가 1517년, 스페인의 왕으로 즉위합니다.

당시에는 이런 일이 종종 있었으니, 여기까지도 별일이 아니라 여길 수 있습니다. 문제는 당시 합스부르크 가문은 거대한 신성로마제국의 황제 역시 겸하고 있었는데, 카를 5세가 덜컥 신성로마제국의 황제까지 물려받아 버린 것이었습니다. 순식간에 카를 5세는 스페인, 신성로마제국, 합스부르크 영지 전체를 아우르는 거대 제국의 황제가 돼 버렸습니다.

이는 스페인에 좋지 않은 결과로 돌아옵니다. 광대한 땅을 지닌 카를 5세는 스페인만 생각해서는 안 됐죠. 거대 제국 전체의 관점에서 나라를 이끌어야 했습니다. 그런데 그는 어디가 가장 신경 쓰였을까요? 새로 왕이 된 데다 언어도 모르는 스페인이 아닌, 합스부르크가의 강력한 권력의 원천 신성로마제국이었습니다. 카를 5세는 신성로마제국과 합스부르크가의 이익에 무게를 두고 나라를 이끌었습니다.

당시 합스부르크가는 유럽을 대표하는 가톨릭 세력이었고, 유럽 전체에 영향력을 끼치는 가문인 만큼 유럽을 이교도로부터 지켜야 할 의무가 있었습니다. 따라서 그들은 대외적으로 이슬람교도인 오스만 제국과도 전쟁을 벌였고, 당시 종교 개혁으로 인해 새로 탄생한 이단 반역자인 개신교도와도 전쟁하고 있었죠. 따라서 합스부르크가는 온갖 전쟁에 참여해야 했기에, 어마어마한 자금이 필요했습니다.

카를 5세도 돈을 구할 데가 필요했는데, 문제는 그가 스페인을 이용하여 돈을 조달했다는 점입니다. 당시 스페인은 무역과 식민지를 통해 엄청난 수입을 거두고 있었으니까요. 스페인은 기껏 번 돈을 죄다 전쟁 비용으로 지출해야 했고, 결국 스페인의 지출은 수입의 2배가 넘게 됩니다. 재정 적자가 기하급수적으로 불어나기 시작했죠. 게다가 카를 5세는 스페인에 관심을 덜 가졌던 만큼, 경제에 문외한이었던 이들을 스페인 고위 관료로 채우기가 부지기수였습니다.

이런 악영향이 누적되면서 스페인 경제 구조는 서서히 망가지게 됩니다. 물론 페르난도 왕이 이를 의도하고 결혼 동맹을 맺은 건 아니었을 겁니다. 하지만 어쨌든 합스부르크가와 결혼이 스페인에 독이 된 것은 사실이었죠.

그 이후는 어떻게 됐을까요? 상황은 더 악화했습니다. 1556

년, 카를 5세의 뒤를 이어 펠리페 2세가 스페인 국왕으로 즉위했는데, 그 역시 합스부르크 가문이었지만 다행히 신성로마제국 황제는 겸하지 않고 스페인 영토 위주로만 물려받았습니다. 따라서 상대적으로 돈을 덜 쓸 것처럼 보였죠. 하지만 그 반대였습니다. 더 많이 지출했습니다. 어쨌든 그 역시 합스부르크가의 일원이었기에 합스부르크가의 가톨릭 영토를 지켜내야 했으니까요.

당시 스페인은 네덜란드를 지배하고 있었습니다. 그런데 네덜란드에는 압도적으로 개신교도가 많아, 펠리페 2세는 당시 가톨릭교를 위협하는 네덜란드의 이단 개신교도를 매우 경계했습니다. 그는 네덜란드의 종교적 자유를 크게 제한하고 세금도 무지막지하게 부과합니다.

그 결과 1568년, 네덜란드에서 반란이 일어나면서 독립전쟁이 벌어지는데, 이 전쟁이 그만 돈 먹는 하마가 돼버립니다. 전쟁은 무려 80년이나 이어지면서 2억 2,000만 두카트에 달하는 돈을 지출하게 하는데, 이는 국가 전체 예산의 22년 치 액수였죠.

하지만 이것은 시작에 불과했습니다. 당시 네덜란드는 같은 신교도 국가인 영국의 지원을 받고 있었는데, 이에 격분한 펠리페 2세가 영국에도 전쟁을 선포합니다. 그런데 스페인은 이 전쟁에서 승리하지 못한 채 오히려 해전 중에 태풍을 만나 해군 전력의 3분의 1을 잃고 말았습니다. 참고로 스페인 무적함대의 유지비로 국가의 1년 예산이 투입됐는데, 그 많은 돈이 녹아내린 것입니다. 게다

해전을 벌이는 영국군과 스페인군

가 오스만 제국과도 전쟁을 벌였으니, 전비 지출은 상상을 초월했죠. 국가 경제에 엄청난 타격이었습니다.

사실 펠리페 2세 때는 식민지였던 아메리카 개척이 활발히 이루어지면서, 엄청난 양의 금과 은이 스페인으로 흘러 들어오기 시작한 시기였습니다. 4,000톤 가까운 은이 유입되면서, 전 유럽에 인플레이션이 왔을 정도였죠. 하지만 펠리페 2세는 싱글벙글하며 그 많은 돈을 모조리 전쟁으로 낭비했습니다. 국가 부채는 기하급수적으로 늘어났고, 결국 펠리페 2세 치세 동안 스페인은 네 차례나 파산 신청을 하게 됩니다.

이때 돈이 필요했던 펠리페 2세는 해외의 금융가들, 특히 돈줄을 꽉 쥔 해외 유대인 금융가들에게서 돈을 빌렸습니다. 하지만 전쟁 때문에 대출을 갚지 못하니 대신해서 스페인의 각종 땅과 광산을 넘겨주고, 스페인의 모든 세입원을 저당 잡힙니다. 국가의 대소사가 해외 빚쟁이들에게 휘둘리는 처지가 된 것이죠.

물론 펠리페 2세도 이사벨과 페르난도의 정책이 아니었다면, 이런 어려움을 안 느껴도 됐을 공산이 큽니다. 앞서 공동 왕이 26만 유대인을 모조리 추방하지 않았다면 당연히 막대한 세금을 확보할 수 있었을 테니까요.

또 당시 유대인은 제조업까지 장악하고 있었는데, 유대인이 추방되자 스페인의 제조업도 급속히 쇠퇴했습니다. 그래서 당시 스페인산 물건은 다른 상품과 경쟁하기 힘들 정도로 질이 좋지 않았습니다. 한편 그때 추방당한 유대인의 상당수는 네덜란드로 망명했고, 네덜란드는 그 덕분에 급속도로 성장할 수 있었습니다.

거대 제국을 하나로 묶는
유일한 힘, 종교

공동 왕이 굴린 불행의 스노볼은 하나 더 있었습니다. 바로 종교 재판소의 설립이었습니다.

그들은 치세 당시인 1480년, 종교적 구심점을 강화하기 위해 종교 재판소를 설립했고, 처음에는 가톨릭을 믿지 않는 이단에 대해 사법권을 행사하며 종교적으로 강력한 나라를 세우려 했습니다. 하지만 권력을 몰아주다 보니 나중에는 종교 재판소의 힘이 너무 강해졌고, 자연히 스페인 가톨릭교회의 힘도 비대해졌습니다. 그 결과, 각종 마녀사냥, 종교 처형 등이 이루어지며 16세기 스페인은 매우 종교 근본주의적이고 폐쇄적인 국가가 되고 맙니다.

이것은 스페인의 과학 발전에 어마어마한 악영향을 미칩니다. 당시 스페인 가톨릭교도의 적이자 반역자인 네덜란드의 개신교도들은 유대인 덕에 산업이 발전했으며, 선진화된 지식을 대거 들여와 과학기술도 급속히 발전했습니다. 이 개신교도들로 인해 자연스럽게 국가도 융성했죠.

하지만 폐쇄적이었던 스페인은 신지식을 개신교도의 이단적 지식이라며 받아들이지 않았습니다. 무려 700권이 넘는 과학 서적을 금지하는 등 금서 목록을 발표했고, 이를 어기면 종교 재판소가 가혹하게 탄압했죠. 더불어 개신교도의 지식을 배우러 유학을 가는

것마저 금지됐습니다.

과학이 발전하지 못하는 상황은 이후 영국과 네덜란드와의 경쟁에서 밀려서 국제적 경쟁력을 잃는 큰 요인이 됩니다. 결국 공동왕의 지나친 종교 위주 정책이 스페인 제국에 지대한 악영향을 미친 것입니다. 그런데 왜 스페인은 유달리 가톨릭에 집착했을까요?

스페인은 급속도로 영토를 확장해서 거대 제국을 형성했지만,

이단을 처벌하는 스페인의 종교 재판 장면

영토가 갑자기 늘어나니 이들을 스페인 체제 아래 통합시킬 겨를이 없었습니다. 각 지방은 사실상 스페인 본국과 법, 문화, 경제 구조가 다 달랐지만, 가톨릭이라는 하나의 종교를 믿는 것만이 동일했죠. 따라서 제국이 해체되지 않으려면 스페인 정부는 어떻게든 가톨릭을 강하게 밀어붙여서, 이들을 하나로 통합해야 했습니다. 가톨릭이라는 종교가 제국의 구심점을 담당했던 셈이죠.

당시 모리스코를 그린 그림

하지만 그 때문에 스페인은 무너지고 있었습니다. 특히 16세기 스페인 농민들의 삶은 비참했습니다. 농민은 법정 최고 가격 이상으로 곡물을 팔 수 없는 '곡가상한제'로 인해, 아무리 많은 양을 수확해도 버는 돈은 제한적이었습니다. 또 재정 부족으로 군인에게 충분히 돈을 지급할 수 없었기에, 스페인군은 툭하면 자국 농민을 약탈했죠. 따라서 자기 삶에 절망한 농민들은 너도나도 농촌을 버

리고 도시로 몰려갔습니다. 농사를 안 지으니 스페인의 식량 생산량이 줄고, 곡물가가 폭등했습니다. 전체 물가가 오르니 스페인산 물건은 더더욱 경쟁력을 잃었고요.

그렇다고 도시민의 삶이 비참하지 않은 건 아니었습니다. 도시 내 빈부 격차는 매우 심해서, 최하층 노동자는 대도시 귀족 소득의 2,000분의 1밖에 벌지 못했습니다. 또 16~17세기에 전염병이 강타하며, 한 도시에서만 한 해에 6만 명이 희생되기도 했습니다. 펠리페 2세 후기에 들어서면 사회 분위기가 극도로 침체돼 구성원들은 열심히 살아갈 동력을 잃었죠.

그런데 놀라운 점은 카를 5세와 펠리페 2세 때가 영향력과 위세 면에서 스페인 제국의 최전성기였다는 것입니다. 그 모든 헛발질에도 불구하고 식민지에서 오는 막대한 부, 그리고 그간 축적한 역량 덕분이었죠.

하지만 펠리페 2세가 죽은 뒤부터는 그 밑천마저도 동이 납니다. 1598년, 그 뒤를 이어 즉위한 펠리페 3세는 선왕이 벌인 많은 전쟁에 대해 평화 조약을 체결해서 전쟁을 대부분 마무리합니다. 돈이 샐 구멍이 막고, 내치에 힘을 쏟을 적기였죠.

그러나 펠리페 3세는 이 기회를 날려버립니다. 당시 스페인은 전쟁을 얼추 마무리했지만, 그간의 지출로 인해 어마어마한 부채를 떠안고 있었습니다. 그래서 돈이 필요했는데, 이때 필리페 3세는 공동 왕의 실책을 그대로 따라 합니다.

당시 스페인에는 '모리스코' 집단이 살고 있었습니다. 이들은 이슬람교도였다가 가톨릭으로 개종한 집단으로 당시 30만 명 정도였는데, 1609년 펠리페 3세는 자금을 얻기 위해 하루아침에 그들의 재산을 몰수하고 추방해 버렸습니다. 분명 가톨릭으로 개종했는데도 돈 때문에 추방한 것이었죠.

더 큰 문제는 모리스코들이 당시 스페인 노동자 계층을 형성하며, 국가 산업의 핵심 역할을 담당하고 있었다는 것입니다. 일할 사람 30만 명이 증발하니 스페인 산업은 치명타를 입었고, 안 그래도 형편없던 제조업은 나락으로 떨어져서 스페인 식민지들마저도 스페인산 대신 영국, 네덜란드산 물건을 밀매하게 됐습니다. 또 1599년부터 1600년까지 전염병이 번져, 무려 스페인 인구의 10% 이상이 사망하는 일까지 벌어졌습니다.

그 뒤 1621년에 즉위한 펠리페 4세는 나름의 개혁을 하려 했지만, 실패로 돌아갑니다. 오히려 각 지방을 한 정부 아래 통합하려는 중앙집권적 개혁을 하려다가, 포르투갈이 반란을 일으키며 스페인에서 분리됩니다.

1665년에 즉위한 카를로스 2세 때는 그나마 아메리카로부터 들어오던 은의 양이 폭발하고 스페인 인구도 증가해 제국이 회복세로 들어서나 싶었는데, 카를로스 2세가 후손을 남기지 못하는 바람에 그가 죽자 스페인 왕위를 두고 유럽에서 한바탕 전쟁이 벌어졌습니다. 워낙 여러 나라의 핏줄이 얽히고설킨 왕가였으니까요.

결국 14년의 왕위 계승 전쟁 끝에 스페인에서는 드디어 합스부르크 왕가의 명맥이 끊기고, 프랑스의 부르봉 왕가가 왕위를 계승합니다. 그렇게 부르봉 왕조의 스페인식 발음인 '보르본 왕조'가 들어서게 됩니다. 스페인의 최전성기를 이룩했던 합스부르크 왕가가, 아이러니하게도 스페인 초반부터 잉태된 문제와 함께 막을 내린 것입니다.

결국 역사의 저편으로 저문
스페인 제국

페르난도의 결혼 동맹으로 인해 들어선 합스부르크 왕조는 전쟁으로 국고를 탕진했고, 유대인 추방, 종교 재판소 설립 등으로 꾸준히 스페인의 국가적 역량을 잠식했습니다. 극단적인 가톨릭주의도 한몫했고요.

합스부르크 왕조 이후 스페인이 곧바로 몰락한 줄 아는 분도 꽤 있지만, 부자가 망해도 3대는 간다고 제국의 운명은 오히려 보르본 왕조가 들어서자 잠깐의 중흥기를 맞기도 했습니다.

특히 18세기 보르본 왕조의 펠리페 5세, 그 뒤를 잇는 카를로스 3세는 꽤 유능한 왕이어서 중앙집권적 개혁도 어느 정도 시행하며, 산업과 무역 부문에서 예전의 위세를 잠시 되찾기도 했습니다. 대략 18세기 초반에서 후반까지의 시기로, 18세기 후반에는 역사상 최대의 영토를 자랑하기도 했습니다. 한 번에 몰락하지 않은 것이죠.

하지만 결국 갖은 개혁에도 불구하고 스페인은 누적된 문제에서 벗어나지를 못했습니다. 따라서 1788년 카를로스 4세 때부터 다시 쇠퇴가 시작됐고, 19세기 시작하자마자 나폴레옹의 프랑스가 스페인에 쳐들어와 스페인 전국은 전쟁터가 됐습니다.

그 이후 겨우 나폴레옹 군을 몰아냈지만, 혼란을 틈타 아메리카 식민지 대부분이 19세기 초반에 독립해 버립니다. 또 스페인 본국에서는 군부 쿠데타가 반복되는 혼란상이 벌어지다가, 마침내 1898년 마지막 식민지인 필리핀을 상실했습니다. 그리고 19세기에 들어 본격적인 제국주의 시대로 접어들면서 영국과 프랑스가 새로운 국제 강자로 떠올랐고, 결국 스페인 제국의 영광은 역사의 저편으로 저물게 됩니다.

그 이후 스페인은 각종 사회 혼란, 내전, 독재 등 격동의 시기를 지나 현재 민주주의 국가로 이어지게 됐습니다. 물론 아직 스페인에는 형식적이나마 왕이 존재합니다. 현재 스페인의 국왕은 2014년에 즉위한 필리페 6세이고요.

우연한, 그러나 결정적인 선택들로 인해 역사가 뒤바뀐 스페인. 그래서 많은 스페인인이 '그때 이랬으면 어땠을까?', '다른 정책을 펼쳤으면 어땠을까?' 하는 가정을 한다고 합니다.

물론 스페인이라는 국가 정체성이 애초에 이교도와 800년간 싸우는 과정에서 형성됐으니, 종교 극단주의로 치닫는 것은 예견된 일이었을지도 모릅니다. 이에 따른 제국의 부담과 몰락도 마찬가지고요. 제국에서 시행했던 정책들이 지금 보면 몰락을 자초한 요인이지만, 그 당시 흐름에서는 반드시 해야만 했던 일이었기 때문입니다. 그래서 펠리페 2세가 벌였던 가톨릭 수호 전쟁도 당시 가톨릭 세계에서는 호평받기도 했죠.

스페인의 역사를 꿰뚫다 보면, 거스를 수 없는 운명의 거대한 수레바퀴가 있는 것 아닌가 하고 생각하게 됩니다. 스페인 제국의 역사적 인물들도 자신의 결정이 최선의 판단이라고 여겼을 텐데, 그것이 예상치 못한 몰락으로 이어져 버렸으니까요.

{ 스페인 역사의 주요 사건 }

근세: 대항해시대와 대제국 탄생

1469년
페르난도 2세와 이사벨 1세 결혼으로, 스페인 통합의 기반

1492년
레콩키스타(기독교의 국토회복운동) 완성, 콜럼버스 신대륙 발견

1516년
합스부르크 왕조 즉위

근대: 절대왕정과 제국의 종말

1808~1814년
나폴레옹의 침입

1898년
미·스페인 전쟁 패배, 식민지 상실

1975년
프랑코 사망, 후안 카를로스 1세 즉위, 민주화로의 전환

1978년
헌법 제정, 민주주의 체제 확립

1986년
유럽연합(EU) 가입, 경제 성장

1992년
바르셀로나 올림픽 개최

1588년
무적함대의
영국 원정 실패

1701~1714년
왕위 계승 전쟁,
부르봉 왕조 수립

20세기: 독재와 민주화

1931년
스페인
제2공화국 수립

1936~1939년
내전 이후 프랑코 승리,
독재 체제 수립

1939~1975년
프랑코 독재

현대: 현대 유럽 국가로 자리매김

2008년
금융위기

2010년대
카탈루냐 독립
문제 부상

현재
문화·관광 강국으로
자리 잡음

• 인도·파키스탄 •

신의 이름 아래 벌어진 참혹한 분열

인도와 파키스탄은 서로 앙숙 관계인 것으로 유명합니다. 힌두교도가 많은 인도와 이슬람교도가 많은 파키스탄은 틈만 나면 으르렁거리며 최근까지도 분쟁을 벌이고 있죠.

이 둘은 하나의 나라였음에도 나뉘면서, 1947년부터 1971년까지 세 차례나 전쟁을 벌였고 심지어 서로를 견제하기 위해 핵 개발 경쟁을 벌여 결국 핵보유국이 됐습니다. 미국 등 국제사회의 경제 제재를 감수하면서도 말이죠. 최근인 2019년까지도 둘 사이의 분쟁 지역인 카슈미르에서 전투기로 공중전을 벌이는 등 계속 충돌하고 있습니다.

두 나라는 왜 같은 뿌리를 공유하면서도 서로 못 잡아먹어서

으르렁대는 것일까요? 인도와 파키스탄 관계에 대해 알아보면서 국가 간 갈등을 이해하는 시각을 넓혀보겠습니다.

역사상 처음으로 통일된 인도
득일까? 독일까?

인도와 파키스탄이 속해 있는 인도 '아대륙(인도, 파키스탄, 방글라데시, 네팔, 부탄, 스리랑카 등 남아시아 주요 국가들이 위치한 지리·문화적 지역을 의미)'. 대륙에 준하는 규모와 독창적 문화를 가졌다 하여 아대륙이라고 불리는 이곳에서도, 오랜 세월 동안 다양한 종교와 국가가 생겨났다 사라졌습니다. 그렇지만 통일의 역사가 있는 중국 대륙과 달리, 인도는 한 번도 완전히 통일된 적이 없었죠. 인도인들 사이에 '우리는 모두 하나의 문화권이다'라는 미약한 관념이 있기는 했지만 말입니다.

그러다 1526년에 세워진 이슬람 국가인 무굴제국 때에 이르러, 어느 정도 통합체의 면모가 형성됩니다. 일단 영토 측면에서 통일에 근접했습니다. 그리고 이슬람 제국 특성상 소수의 이슬람교도가 지배층을 이루고, 대다수의 힌두교도 백성이 피지배층을 이루는 구조도 형성됐습니다.

하지만 완전한 통일은 아니었죠. 지배층과 피지배층의 관계가 뚜렷했고, 서로 갈등이 깊었기 때문입니다. 그 이유는 이슬람 지배층의 강력한 탄압에 있었습니다. 지배층인 이슬람교도들은 피지배층인 힌두교도들에게 불관용 원칙을 적용했는데, 심할 때는 힌두식 인사법을 금지하고 수많은 힌두교 성지와 사원들을 파괴하기도 했습니다. 우리나라로 치면 절을 못 하게 하고, 각종 제사용 건물들을 다 부순 셈이죠. 분노한 힌두교도들은 저항 운동을 벌이며 이슬람교도들과 대립했고, 갈등은 오랜 기간 지속됐습니다.

그런데 18세기 이후, 이런 갈등을 뒤로하고 모종의 사건으로 인해 인도는 급작스럽게 통일됩니다. 바로 영국에 의해서였죠. 당시 땅따먹기로 엄청난 위세를 떨쳤던 대영제국은 동인도회사(17세기에 유럽 각국이 인도 및 동남아시아와 무역하기 위하여 동인도에 세운 무역 독점 회사)를 통해 인도에 영향력을 행사하더니, 강력한 군사력으로 곧 인도를 아예 잠식해 버립니다.

19세기에 이르자 무굴제국은 껍데기 제국이 되고, 동인도회사가 일부 지역의 세금까지 거두며 인도를 통치합니다. 물론 인도인들은 이에 반발해 세포이 항쟁을 벌이며 저항했으나, 당대 최강이었던 영국군에게 무자비하게 탄압받았고, 1858년 7월에 항쟁은 완전히 진압됩니다.

영국은 항쟁 이후 초강수를 둡니다. 무굴제국을 멸망시킨 뒤 동인도회사를 해체하고, 1858년부터는 인도를 직접 통치하기 시작합니다. 그리고 1877년에는 아예 영국 여왕이 인도 황제가 돼 영

체포되는 무굴제국 마지막 황제의 모습

국령 인도 제국을 세웁니다. 인도는 하나의 통합체가 돼 영국의 직접 통치를 받게 됐고, 인도 아대륙은 통일됐습니다. 이는 인더스 문명이 생겨난 지 4,000여 년 만의 일이었죠.

역사상 처음으로 통일된 인도. 그런데 이것이 인도에 좋은 일이었을까요? 꼭 그렇지만은 않았습니다. 통일 후 인도에 대격변이 일어났기 때문입니다. 앞서 말했듯, 인도는 소수의 이슬람교도가 다수의 힌두교도를 지배하고 있었습니다.

그러나 이제 지배층은 영국이 됐고, 이슬람교도는 지배층에서 피지배층으로 강등돼 힌두교도와 똑같은 피지배층 입장이 돼 버렸습니다. 하루아침에 입지가 추락한 모슬렘들은 자신의 처지를 한탄했고, 힌두교도들은 내심 '우리를 그렇게 탄압하더니 꼴좋다'라며 비웃기도 했죠.

영국의 통치하에 들어선 인도는 원활히 굴러가는 듯 보였습니다. 그런데 19세기 후반에 문제가 발생합니다. 영국은 인도인들이 고등 교육을 받고 영어를 배우면, 백인 문명의 위대함을 우러러보며 더욱 잘 따를 것으로 생각했습니다. 그래서 인도인들에게 서구식 교육을 받도록 했는데, 이것이 영국에 부메랑으로 돌아온 것입니다.

인도인들은 교육을 받으면서 서양의 민주주의 사상과 선진 문물을 접했고, 고등 교육을 받은 인도인들 사이에서 민족주의와 함께 반영 감정이 싹트게 된 것이었죠.

인도인   모든 인간에게는 기본권이 있고, 이는 모두 존중받아야 해. 우리 인도도 영국에 지배받지 않고, 스스로 결정하고, 국가를 운영해야 하는 것 아니야? 인도 민족들의 국가가 세워져야 해!

인도인들은 '영국이 우리를 부당하게 지배하고 있다', '당장 인도를 독립시켜라'라며 독립을 요구하기 시작했습니다. 영국은 당황합니다. 자신의 정책이 뜻하지 않은 결과를 냈으니 말이죠.

그런데 영국만큼 놀란 이가 있었으니, 바로 이슬람교도들이었습니다. 그들은 힌두교도들이 독립을 요구하자, 놀람을 넘어 위협까지 느꼈습니다. 사실 이슬람교도들은 힌두교도들과 같은 피지배층이 됐지만, 어차피 모두 영국의 지배를 받고 있으니 그런대로 처지를 받아들였습니다. 그런데 만일 독립해서 영국이 물러나 버리면 다수인 힌두교도들이 인도의 패권을 잡고, 이슬람교도들은 소수 세력이니 피지배층이 될 것이 뻔했습니다. 힌두교도들이 이슬람교도를 억압하거나 보복할지 모른다는 두려움을 느꼈죠.

그들은 영국이 이 상황에 잘 대응하기를 바랐습니다. 하지만 영국의 생각은 안일했습니다.

영국   우리가 인도를 너무 억압했나? 그러면 자기들 생각을 마음대로 떠들 수 있는 장을 열어주지, 뭐. 자유롭게 떠들고 해소하다 보면 알아서 사그라지겠지.

그러고는 1885년, 인도 국민회의라는 정당을 만들어 인도인들이 정책 결정에 참여할 수 있도록 대화의 창구를 열어줬습니다. 하지만 상식적으로 자신의 의견을 마음껏 개진하고, 사회에 영향력까지 미치게 한다면 그들의 세력은 커질 것이 뻔했습니다. 실제로 이때 만들어진 인도 국민회의에서 반영 감정이 확대·재생산됐고, 독립을 주장하는 세력이 더더욱 커졌습니다. 독립을 원하는 열기에 비례하여 영국인과 이슬람교도들의 불안은 팽배해졌죠.

영국은 어떻게든 사회가 요동치는 상황을 해결해야만 했습니다. 물론 세포이 항쟁 때처럼 강력한 군사력으로 억압할 수도 있었습니다. 그러나 당시 군사·경제적 타격은 물론 강한 반영 민족주의를 불러일으킨 방식을 다시 사용하기에는 부담이 컸습니다.

그런데 이때 기막힌 묘책이 떠오릅니다. 바로 이슬람교도들을 끌어들이기로 한 것이죠. 민족 간 이간질에 능통했던 영국은 이슬람교도들이 느끼고 있던 힌두교도들에 대한 두려움에 주목했습니다.

영국 모슬렘 너네, 힌두교도 세력 커지는 것이 좀 불안하지? 쟤네가 독립한답시고 자꾸 까불면 너희 위치가 위태로워질 거 아니야!

이슬람교도 그… 그렇지? 근데 왜?

영국 내가 그 문제를 해결해 줄게. 너희 모슬렘만 특별 대우를 해서 앞으로 정책을 결정할 때 더 큰 비중을 부여하고, 세력도 키워줄게. 그럼 너희도 사회적 위치를 확보할 수 있어서 불안에 떨 필요가 없겠지?

이슬람교도 진짜야?

영국은 힌두교도가 다수인 인도인을 견제하기 위해 이슬람교도의 세력을 키우려고 합니다. 사실상 종교 갈등을 부추긴 것이

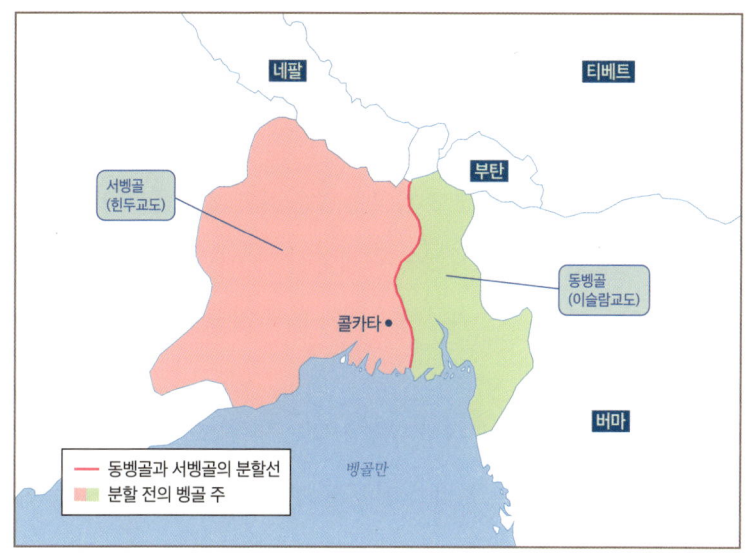

벵골 분할령에 의해 분할된 동벵골과 서벵골

었죠. 하지만 이슬람교도들은 마다할 이유가 없었습니다. 곧 영국은 모슬렘 우대 정책에 시동을 걸었으니, 그 첫 번째 시도가 바로 1905년에 시행된 '벵골 분할령'이었습니다.

벵골은 인도에서도 특히나 인구가 많은 지역으로 동쪽에는 대부분 이슬람교도가, 서쪽에는 힌두교도가 살고 있었습니다. 그런데 분할령을 통해 영국은 벵골을 동서로 나누어 모슬렘이 많이 사는 동쪽을 동벵골, 힌두교도가 많이 사는 서쪽을 서벵골로 삼았죠.

문제는 이것이 사실상 모슬렘 특별 대우였다는 점입니다. 힌두교도가 많은 서벵골을 다른 주에 통합시켜서 세력을 약화시키고,

이슬람교도가 많은 동벵골에는 모슬렘 자치주행정구역을 신설했습니다. 결국 이슬람 세력이 지방의회 선거에서 유리하게 만든 셈이죠.

이렇게 되면 이슬람교도 지역에 많은 혜택이 돌아가니 이슬람교도들은 분할을 적극 지지했는데, 당연히 힌두교도들은 왜 이슬람교도한테만 특혜를 주는 거냐며 유례가 없을 정도로 맹렬히 반발했습니다.

하지만 영국은 이에 아랑곳하지 않고 두 번째 모슬렘 우대 정책을 시행합니다. 바로 '분리 선거구'를 만든 것이죠. 쉽게 말해, 이슬람교도들이 따로 선거할 수 있는 구역을 만들어 준 것입니다.

힌두교도의 숫자가 훨씬 많은데도 이슬람교도만의 선거구가 따로 생겼으니, 모슬렘들은 실제 인구 비례보다 더 많은 의석을 확보할 수 있게 됐습니다. 당연히 힌두교도들은 불공평한 처사에 분노했고, 영국의 의도대로 이슬람교도들에 대한 적대감도 깊어졌습니다.

이런 갈등 상황 속에서 일부 모슬렘 엘리트들은 인도 국민회의에서 분리하여 이슬람 정당을 창설하기까지 합니다. 바로 1906년에 만들어진 '전인도 모슬렘 연맹'이 그것입니다. 힌두교도와 이슬람교도가 포진해 있던 인도 국민회의에서 이슬람교도들이 따로 새로운 세력을 창당한 것이죠.

영국의 이간질,
극복할 순 없었을까?

영국의 의도대로 둘 사이는 더욱 멀어졌습니다. 하지만 힌두교도나 이슬람교도 모두 이것이 자기네 편을 가르려는 영국의 얕은 수작이었다는 것을 모르지 않았습니다. 그래서 얼마 지나지 않아 두 세력이 연합하기도 했죠.

1914년 세계는 제1차 세계대전으로 격동에 휩싸였는데, 인도인들도 전쟁에 참전함에 따라 민족주의가 대두됐고, 독립에 대한 열망도 거세졌습니다. 그 기세를 모아 인도 국민회의와 전인도 모슬렘 연맹이 연합하여, 반영 전선에 나섰습니다. 그 유명한 간디도 이때 등장하면서 통합을 외치며, 민족주의 운동을 더욱 증폭시켰죠.

표면적으로 통합된 인도 세력은 계속해서 커졌고, 1935년이 되자 인도 독립 세력은 영국이 감당할 수 없을 정도에 이릅니다. 결국 영국은 인도에 자치권을 부여하기로 하고, 신인도통치법(영국과 인도 국민회의의 합의로 선포된 영국의 인도 통치법안, 식민지였던 인도에 자치권을 부여했던 협약)을 공표합니다.

인도인들은 자신의 요구가 일부나마 수용돼 매우 기뻤습니다. 그리고 1937년에 인도 지방 선거가 실시됐고, 인도 국민회의와 전인도 모슬렘 연맹은 선거 결과와 관계없이 지금처럼 서로 연합해

인도의 민족주의 운동가 마하트마 간디

인도를 이끌어가자고 약속합니다. 만약 이 약속이 잘 지켜졌다면 인도 아대륙은 지금까지 평화로웠을지도 모릅니다.

그런데 선거를 막상 치르고 보니, 모슬렘과 비등하리라 예상됐던 힌두교도 쪽 인도 국민회의가 압승하는 결과가 나왔습니다. 그러자 인도 국민회의 측에 이런 마음이 싹틉니다.

인도 국민회의 어? 우리가 다수야? 그럼 그냥 전인도 모슬렘 연맹 제치고, 우리가 권력을 싹쓸이할까?

결국 인도 국민회의의 수장 자와할랄 네루는 다수인 국민회의가 권력을 잡자며, 모슬렘 연맹을 배신합니다. 모슬렘 연맹과의 연정 약속을 어기고, 단독 행정을 실시한 것이죠. 모슬렘 연맹은 분노했고, 이로써 기껏 연합한 양측 관계는 파국에 이르렀습니다.

이 사건으로 전인도 모슬렘 연맹은, 힌두교도들은 많은 의석을 차지하면 반드시 배신한다고 확신했고, 특히 원래 통합을 주장했던 전인도 모슬렘 연맹의 수장 진나는 맹렬한 분리주의자가 됩니다.

마침내 전인도 모슬렘 연맹은 1940년에 라호르 선언을 발표하는데, 최초로 이슬람교도와 힌두교도가 따로 분리 독립해야 한다고 공표한 것이었습니다. 이는 인도 전역에 큰 파장을 미쳤고, 이제 힌두교도와 모슬렘의 사이는 돌이킬 수 없게 됐죠.

한편 이렇게 양측이 충돌할 때 영국은 무엇을 하고 있었을까요? 이때 영국은 히틀러의 침공으로 인해 제2차 세계대전에서 고전 중이었습니다. 몇 년 뒤인 1945년에 제2차 세계대전이 끝났지만, 그때 영국은 더 이상 예전의 영국이 아니었습니다. 전쟁으로 인한 막대한 재정 손실로 인도를 통치할 여력이 없어졌거든요. 결국 영국은 인도를 독립시키기로 합니다.

하지만 영국이 뿌려놓은 갈등의 씨앗으로 인해, 힌두교도와 이슬람교도들은 그 어느 때보다 치열하게 싸우고 있었습니다. 급기야 유혈 사태까지 일어나면서 인도는 아수라장이 됐고, 만일 준내전 상태인 두 세력을 하나로 독립시키면 큰 분란이 일어날 게 뻔했습니다. 그러면 영국은 국제사회에서 분란을 야기한 나라라는 오명을 쓸 수밖에 없었죠.

결국 영국은 두 세력을 인도와 파키스탄으로 나누어 독립시키기로 합니다. 물론 계속해서 통합을 주장하던 간디는 이 상황을 어떻게든 막으려 했으나, 결국 통합은 이루어지지 않았습니다. 영국은 국경선도 합의하지 못한 채 급하게 철수했죠. 그리고 간디가 힌두교 극단주의자에 의해 암살당하면서, 인도와 파키스탄의 통합을 주장하던 세력도 급격히 줄어듭니다.

분리된 두 나라, 이제 갈등이 사라졌을까?

인도와 파키스탄으로 분리된 두 나라. 이제 서로 다른 나라가 됐으니 갈등이 사라졌을까요? 현실은 정반대였습니다. 두 나라는 독립하자마자 부딪히기 시작했습니다. 바로 국경선이 문제였죠.

앞서 말했듯 영국은 인도에서 급하게 철수했고, 인도와 파키스탄의 접경 지역인 카슈미르 부근의 국경선을 제대로 구획하지 않았습니다. 그저 카슈미르 측에 '인도 편에 서든, 파키스탄 편에 서든 알아서 선택하라'고 했죠. 그런데 카슈미르는 엄청난 요충지였기 때문에, 인도와 파키스탄이 서로 그 지역을 확보하기 위해 혈안이 되었습니다.

당시 카슈미르의 지배자는 힌두교도였습니다. 그래서 인도에 편입되려 했으나, 파키스탄 측에서는 주민의 80%가 이슬람교도인 지역을 인도로 넘길 수 없다며 민병대를 파병했습니다. 카슈미르의 지배자는 이에 인도의 도움을 요청했고, 인도의 군대와 파키스탄

제대로 구획하지 않은 카슈미르 국경선

군대가 충돌하면서 제1차 인도·파키스탄 전쟁이 일어납니다.

결과는 어땠을까요? 파키스탄이 패배했습니다. 파키스탄 전사자는 인도의 6배나 됐고, 우월한 인구를 바탕으로 엄청난 병력을 전선에 쏟아부은 인도는 결국 카슈미르의 3분의 2를 장악합니다.

그렇게 제1차 인도 파키스탄 전쟁이 1949년 1월 1일에 끝이 납니다. 파키스탄은 이를 갈며 복수를 결심했지만, 이미 호되게 패했기 때문에 섣불리 움직일 수는 없었습니다. 그 후 10년이 넘게 양국 간에 전쟁은 벌어지지 않았습니다. 그러던 어느 날, 인도가 중국과 국경선 문제로 시비가 붙어 전쟁을 벌입니다. 이때 발발한 중국·인도 전쟁(1962)에서 인도는 중국에 패배했고, 이 전쟁으로 인해 인도는 무능한 국가, 전쟁에서 지기나 하는 국가로 인식됐습니다.

이에 파키스탄은 인도의 군사력을 만만하게 여기며 1965년에 인도 지배 지역에 무장 집단을 보냈고, 곧이어 제2차 인도·파키스탄 전쟁이 벌어집니다. 하지만 파키스탄의 예상은 다시 한번 빗나갔습니다. 인도군의 전투력이 예상외로 매우 좋았던 것입니다.

중국에 패한 인도였지만, 사실 인도도 대규모 반격을 준비하다가 전쟁이 휴전되는 바람에 흐지부지된 것이지, 파키스탄에 대적하기에는 충분한 군사력을 가지고 있었습니다.

전쟁이 진행될수록 파키스탄은 수세에 몰렸고, 결국 전쟁은 더 확대되기 전에 소련의 중재로 휴전됐습니다. 제2차 인도·파키스탄 전쟁은, 확실한 승패가 드러나기 전에 끝났기에 승자와 패자가 명확히 구분되지는 않았습니다.

다시 이어진 파키스탄과 방글라데시의 분리 갈등

다시 찾아온 평화도 잠시, 6년 뒤 또다시 전쟁이 일어나니 바로 제3차 인도·파키스탄 전쟁, 이른바 방글라데시 독립전쟁(1971년 3월 25일)이었습니다. 격렬했던 이 전투는 방글라데시라는 나라가 세워질 만큼 파장이 컸습니다.

여기에도 내막이 있었는데, 사실 파키스탄과 방글라데시는 하나의 국가였습니다. 현재 파키스탄이 서파키스탄, 현재 방글라데시가 동파키스탄이었습니다. 딱 봐도 한 나라가 두 지역으로 멀리 떨어져 있으니, 지역 간 격차가 벌어지지 않을까 하는 우려가 생기죠. 그리고 우려는 현실이 됐습니다.

파키스탄의 지배층은 핵심지인 서파키스탄에 인프라를 몰아주었고, 동파키스탄에는 상대적으로 적은 관심을 가졌습니다. 권력 역시 대부분 서파키스탄 출신 인사들에 집중됩니다.

이에 동파키스탄 측은 '왜 우리만 소외시키느냐'며 항의했지만, 서파키스탄은 별다른 조처를 하지 않았습니다. 심지어 수많은 동파키스탄인이 사용하는 '벵골어'는 파키스탄의 공식 언어로 채택되지도 않았죠.

이렇게 양 지역의 갈등이 심화되던 중에 사건이 터집니다. 1970년 11월, 동파키스탄에 자연재해인 사이클론이 닥쳐 수십만 명이 사망한 것입니다. 문제는 이때 서파키스탄이 동파키스탄에 제대로 된 도움을 주지 않고 미적지근한 태도를 취했다는 점입니다.

동파키스탄 와… 우리를 어떻게 생각하기에 재난 상황에 도움도 주지 않는 거야? 이렇게 2등 국민 취급을 받을 바엔

두 지역으로 멀리 떨어진 서파키스탄과 동파키스탄

독립해 버리겠어!

동파키스탄은 독립운동을 전개했고, 서파키스탄은 군대를 보내 강력하게 진압했습니다. 그러자 이때 집을 잃은 동파키스탄 난민들이 인도로 도망치기 시작합니다. 그러자 인도에도 문제가 발생합니다. 엄청난 숫자의 난민을 다 받아주기 어려웠던 것이죠. 결국 인도는 이렇게 생각합니다.

인도   후… 난민을 받는 것도 한계가 있는데…. 차라리 동파키스탄 독립운동을 지지해 줘서 독립하면, 난민들이 다 자기 땅으로 돌아갈 거 아니야. 이참에 우리가 그냥 독립을 지원해 주자고!

인도가 동파키스탄의 독립운동을 돕자, 서파키스탄은 가만있을 수 없었습니다.

서파키스탄   인도 이 자식들이… 남의 나라 일에 개입하다니… 참을 수가 없다. 전쟁이다!

이렇게 1971년, 제3차 인도·파키스탄 전쟁이 일어납니다. 하지만 또다시 파키스탄이 패배합니다. 파키스탄은 무려 최대 3만 이상의 사상자를 내며 막대한 피해를 입었고, 결국 전쟁은 인도와 동파키스탄의 승리로 끝이 납니다. 그리고 동파키스탄은 방글라데시라는 이름으로 독립합니다.

사실 인도와 파키스탄은 인구수부터 차이가 엄청나니, 인도가 전쟁에 유리한 것은 당연한 일이었습니다. 그렇게 영국령 인도 제국이었던 나라는 인도, 파키스탄, 방글라데시로 나뉘게 됐습니다.

제3차 인도·파키스탄 전쟁으로부터 50여 년이 지난 지금, 두 나라의 사이는 조금 괜찮아졌을까요? 안타깝게도 이 둘은 2019년 2월 26일, 또 다른 분쟁을 겪으며 최근까지도 충돌을 빚고 있습니다. 바로 카슈미르에서 벌어진 무력 충돌로, 서로 전투기를 격추하기까지 했죠.

문제는 이들이 그사이 핵보유국이 됐다는 사실입니다. 핵보유국 사이에서 공습이 벌어진 초유의 사태에, 당시 세계는 공포에 떨 수밖에 없었습니다. 다행히 핵전쟁으로 비화되지는 않았지만, 두 나라 간의 불안한 관계는 현재까지 이어지고 있죠.

이 두 나라의 대립은 러시아와 우크라이나 사이의 대립과는 차이가 있습니다. 러시아가 오래전 서로 하나였던 나라의 상태로 회복시키고자 전쟁을 일으켰다면, 인도와 파키스탄은 원래 하나였지만 종교 갈등과 영국의 이간질로 인해 서로 분리됐고, 이 갈등이 극심해져서 서로 다투고 전쟁까지 벌이고 있는 것입니다.

하나였던 나라들이 싸울 때 전쟁이 더욱 맹렬해진다는 점은 안타까운 일이 아닐 수 없습니다. 같은 인류가 다른 종교를 믿는다는 이유로 서로 반목하는 것은, 예나 지금이나 멈추지 않는 안타까운 비극입니다.

인도와 파키스탄 역사 비교 연표

PAKISTAN

파키스탄 ↑

1885~1906년
무슬림 연맹 결성, 분리 정체성 강화

20세기 초
무함마드 알리 진나의 분리 독립 주장

1947년
파키스탄 독립

인도 ↓

20세기 초
간디·네루의 비폭력 독립운동

1885~1906년
영국의 식민지화, 인도 국민회의 결성, 독립운동 본격화

1947년
인도 독립

영국 ↓

1600년
영국의 동인도회사 설립

18세기
무굴제국 쇠퇴, 영국 동인도회사 세력의 확대

1857년
인도인 병사들의 대반란 (세포이 항쟁), 영국 직할 통치 시작

1947~1948년
제1차 인도 파키스탄 전쟁

1956년
이슬람 공화국 선포

1974년
핵무기 개발 본격화

1998년
핵실험 실시, 핵보유국 선언

1991년
정치·경제 불안, 군부 개입 지속

1991년
경제 개혁, 고도성장 추진

1974년
첫 핵실험 성공, 핵보유국 선언

1950~1956년
헌법 제정 (1950), 세속 민주주의 공화국 확립화

INDIA

1965년
제2차 인도 파키스탄 전쟁

1971년
제3차 인도 파키스탄 전쟁, 방글라데시 독립

1999년
국경선 문제로 군사 충돌, 인도에 패배한 파키스탄은 국제 고립 심화

2019년
공동 통치 구역 카슈미르를 인도가 일방적 합병, 외교·군사 긴장 고조

4장
• 자원 •

부의
판도를
재편한
새로운 힘

순식간에
벼락부자가 된
네덜란드의 추락

우리는 가끔 로또에 당첨되는 상상을 합니다. 경제적으로 여유롭지 않은 현실 속에서, 갑자기 엄청난 돈이 생긴다면 얼마나 좋을까요. 하지만 반대로, 로또 당첨 이후 파산하는 경우도 적지 않습니다. 수백억 복권에 당첨되고도 몇 년 만에 파산하는 사람들 말입니다.

연구에 따르면, 복권 당첨자의 약 3분의 1이 결국 파산한다고 합니다. 큰돈이라도 관리하지 못한다면 결국 파멸로 이어지는 셈이죠. 그런데 이는 개인에게만 해당되는 이야기가 아닙니다. 국가에도 로또가 있습니다. 바로 '자원'입니다.

갑자기 천연자원을 발견하면 축복을 받은 것처럼 느껴지겠지만, 이를 제대로 관리하지 못하면 저주가 됩니다. 심하면 오히려 나라의 경제를 한순간에 무너뜨리기도 하죠. 이를 '자원의 저주'라고 부릅니다. 그리고 오늘의 주인공 네덜란드가 그 저주를 정통으로 맞은 대표적인 나라입니다.

굶주림의 겨울을 지나
맞이한 기적

네덜란드는 17세기 동인도회사를 통해 거대한 상업 제국을 건설하며, 세계적인 해상강국으로 군림했습니다. 하지만 20세기에 들어서면서 상황이 완전히 달라졌습니다. 제2차 세계대전이 발발했고, 1940년 5월 10일 나치 독일의 침공으로 5일 만에 네덜란드는 항복할 수밖에 없었죠.

1944~1945년 '굶주림의 겨울'에는 성인 기준 하루 400kcal에 불과한 식량만이 배급되는, 그야말로 기아 상태였습니다. 나치 독일은 패망했지만, 네덜란드를 포함한 전 유럽은 폐허가 됐습니다. 하지만 절망만 남은 줄 알았던 그 순간이 아이러니하게도 새로운 기회의 시작이었죠.

전쟁이 끝난 뒤, 세계는 미국과 소련이 대립하는 냉전 시대에 들어섰습니다. 미국은 소련을 견제하기 위해 폐허가 된 유럽을 재건해야 했죠. 그래서 등장한 것이 (현재 가치로 약 1,300억 달러 규모의) 초대형 원조 정책, '마셜 플랜'입니다.

　미국의 자본이 흘러들자, 유럽은 빠르게 살아났습니다. 도시가 재건됐고, 전쟁 전의 산업 능력을 되살려 제품을 만들고 수출하기 시작했습니다. 유럽은 싸움을 멈추고 경제 공동체와 관세 동맹을 만들며 나아갔습니다. 그렇게 서독은 '라인강의 기적'이라는 호황을, 프랑스는 '영광의 30년'이라는 경제 성장기를 맞이했고, 벨기에와 룩셈부르크 역시 중개무역으로 큰 성장을 이뤘습니다.

　네덜란드도 예외는 아니었습니다. 호황에 발맞추어 자본이 몰

마셜 플랜으로 받은 원조 물자의 식별 표지.
"유럽 부흥을 위한 미국의 공급"이라고 쓰여 있다.

려들었고, 나라 전체에 활기가 돌기 시작했습니다.

　네덜란드는 유럽 자본의 핵심 관문이었습니다. 독일 루르 공업지대와 북해를 연결하는 지역에 위치한 덕분에, 로테르담항은 유럽 전체 컨테이너 물동량에서 상당한 비중을 차지하는 거대한 항만으로 성장했습니다. 또 국토 최고봉이 해발 322m밖에 안 되는 평지였기에 물류 이동도 수월했습니다. 네덜란드는 600년 넘게 강과 바다를 메우며 간척지를 만들었기에, 국토 26%의 지대가 바다보다 낮습니다. 평지가 많은 이유이기도 하죠.

　그렇게 스스로 개척한 입지를 바탕으로 1950년부터 1973년까지 연평균 4.7%의 성장률을 기록했습니다. 엄청난 수치였죠. 그런데 이때 네덜란드에 엄청난 일이 생깁니다. 바로 현대사회의 핵심 에너지원, 천연가스전이 터진 것입니다.

유럽의 관문 로테르담항

1959년, 네덜란드 북부 흐로닝언 지역에서 유럽 최대 규모의 천연가스전이 발견됩니다. 이는 가스가 부족한 유럽 시장에서 최고의 수출품이었습니다. 온 네덜란드는 축제 분위기였죠. 1963년부터 본격 시추가 시작됐고, 1960년부터 2013년까지 총 2,650억 유로의 가스 수익을 벌어들였습니다. 정부 예산의 10%가 넘는 거금이 매년 쏟아진 것입니다.

그런데 그 많은 돈은 어디에 쓰였을까요? 수익을 허투루 낭비할 수는 없었던 정부는, 국민 복지 비용을 크게 늘리기로 결정했습니다. 네덜란드는 전 유럽에서 가장 빠른 속도로 사회보장 지출(실업급여, 연금, 의료보험, 각종 수당 등)을 늘렸습니다. GDP 대비 복지 비중은 1950년대 중반 14%에서 1970년 27%로 치솟았습니다.

1960년대 초중반에는 실업률 1%로, 사실상 완전 고용 상태를

네덜란드 경제를 변화시킨 흐로닝언 천연가스전

이뤘습니다. 임금은 1970년대 들어 연 8% 이상 오르며, 사람들은 너도나도 살 만하다고 느꼈습니다. 마치 유토피아가 도래한 듯했습니다. 하지만 그들은 몰랐습니다. 그것이 어둠을 불러올 줄은요.

부자가 될수록
깊어지는 병

시간이 지나자 문제가 하나둘 드러났습니다. 복지 확대와 임금 상승은 생각지 못한 결과를 낳았습니다. 바로 자국 화폐의 가치가 오르는 '환율 절상' 현상이 일어난 것입니다. 네덜란드는 천연가스를 수출하며 외화를 대량으로 벌어들였고, 자연스레 자국 화폐인 '길더' 가치가 급상승했습니다.

돈의 가치가 오르면 좋은 것 아니냐고요? 아니었습니다. 화폐 가치가 오르니, 인건비가 상승했고, 해외 수출 시 네덜란드산 제품이 비싸진 것입니다. 같은 품질, 같은 기술인데 가격이 오르니 수출은 줄어든 반면 수입품은 상대적으로 저렴해져 소비가 늘었죠.

네덜란드 제조업은 점점 경쟁력을 잃어갔습니다. 그럼에도 임금은 계속 오르니 생산 단가는 더욱 높아졌고, 값이 오른 상품은 팔리지 않았으며, 기업은 문을 닫기 시작했습니다. 1977년 영국 경제지 〈이코노미스트〉는 이 현상을 '네덜란드 병'이라고 이름 붙였습니다.

하지만 문제는 환율만이 아니었습니다. 1970년대 복지 지출이 폭증하면서, 실업수당 등 각종 사회보장 수급자가 급증했습니다. 즉, 일하지 않아도 돈이 생기니 노동 의욕도 꺾였습니다.

사람들은 제조업이나 중공업 같은 힘든 일에 열정을 보이지 않았기에 섬유, 조선업 등 전통 효자 산업이 몰락했고, 제조업 공동화 현상까지 일어났습니다. 게다가 생산성이 오르는 속도보다 임금이 오르는 속도가 빠르니, 나라의 적자도 쌓여만 갔습니다.

그래도 당시 전 유럽이 전후 경제 성장을 지속했고, 네덜란드 역시 천연가스 수입 덕분에 경제 지표가 양호했기 때문에 많은 이가 문제를 외면했습니다.

네덜란드인 1　가만… 뭔가 분위기가 이상한데…. 나라 경제가 무너지고 있는 것 같아.

네덜란드인 2　야! 성장 분위기에 초 치지 말고, 호황이나 즐겨.

그렇게 천연가스가 발견된 1959년부터 1973년까지, 네덜란드는 즐거운 비명을 질렀습니다. 그러나 점점 그 대가가 찾아왔습니다. 1982년 네덜란드 재정 적자는 GDP의 9.5%, 1983년 실업률은 12%로 치솟았습니다. 또 제조업 고용 비중은 1970년 27%에서 1980년대 들어 20% 미만으로 급락했습니다.

한때 번영의 상징이던 나라가 이제 유럽의 환자가 된 것이었죠. 이에 1982년 루드 뤼버르스 총리가 재정 건전성 확보를 위해 급여 동결 및 사회급여 삭감 등이 포함된 긴축 정책을 시행했는데, 실업자 급증, 임금 감소, 노동 갈등 등으로 사회 분위기는 경직됐고, 전국적으로 파업이 확산됐습니다.

설상가상, 1973년에는 제4차 중동전쟁으로 석유 파동이 촉발됐습니다. 아랍 산유국들은 이스라엘을 지지한 서방국가들에 석유 금수 조치를 내렸고, 네덜란드도 여기에 포함됐습니다. 곧 석유 가격은 배럴당 3달러에서 12달러로 폭등했습니다.

1973년 휘발유가 없다고 쓰는 주유소 주인

1979년에는 이란·이슬람 혁명으로 제2차 석유 파동까지 이어졌습니다. 에너지 비용이 치솟고, 전 세계는 스태그플레이션Stagflation(경기 불황 중에도 물가가 계속 오르는 현상)에 빠졌습니다. 각국은 수입을 줄였고, 네덜란드산 제품은 경쟁력을 잃었습니다. 경제는 추락했고, 네덜란드는 결국 '병자 국가'가 되고 말았습니다.

제도와 합의를 통해
다시 새로운 도전으로

그때 북쪽의 또 다른 나라 노르웨이도 1960년대 말, 북해에서 대규모 석유를 발견합니다. 그런데 그들은 달랐습니다. 네덜란드를 교훈으로 삼아 재정을 함부로 지출하지 않고, 철저히 관리했습니다.

1990년에는 '석유 기금(현 정부 연기금 글로벌)'을 만들어, 석유 수익을 별도로 관리했습니다. 투기적 소비를 지양하고, 오직 장기 투자로만 수익을 관리했습니다. 이 기금은 현재 1조 7,000억 달러가 넘는, 세계 최대의 국부 펀드입니다.

노르웨이   네덜란드로부터 잘 배워갑니다!

네덜란드는 기구한 반면교사가 돼버렸습니다. 하지만 이야기는 여기서 끝나지 않습니다. 네덜란드는 좌절 가운데 차츰 각성했습니다. 위기의식이 고조되면서, 사회 전체가 다시 합의의 필요성을 깨달았습니다. 경제학자들은 "지속적인 임금 상승은 국가 경쟁력을 약화시킨다"라고 경고했고, 정치인들 또한 "이념 대립보다 실용적 해법이 필요하다"라고 목소리를 높였습니다.

그리고 1982년 11월 24일, 헤이그 남서쪽의 작은 마을 바세나르에서 노동자, 기업, 정부 대표가 한자리에 모였습니다. 협상은 오래 걸렸지만, 결과는 놀라웠습니다. 대타협이 이루어진 것이었죠.

노조는 2년간 임금 인상 요구를 자제하기로 했습니다. 기업은 고용을 유지하고 늘리겠다고 약속했습니다. 정부는 근로시간을 단축하고, 파트타임 일자리를 늘리기로 했습니다. 이렇게 '바세나르 협약'이 탄생했습니다.

그 후 네덜란드는 다시 변화하기 시작했습니다. 임금 상승을 억제했고, 복지 제도를 재정비했습니다. 민영화와 규제 완화를 추진했고, 천연가스 판매 대금을 함부로 쓰지 않고 '경제구조강화기금FES'에 모아 미래에 투자했습니다. 파트타임 고용과 유연근무제를 확대해 고용률을 높였습니다.

물론 모든 과정이 순조롭지는 않았습니다. 엄청난 갈등으로, 네덜란드 사회는 격랑에 휩싸였죠. 하지만 뼈를 깎는 노력을 통해 사회 분위기는 점차 안정돼 갔습니다.

마침 1980년대 후반 세계 경기가 회복됐고, 컨테이너선의 발전으로 네덜란드의 물류 허브 역할도 강화됐습니다. 1983년 12%였던 네덜란드의 실업률은 1999년 3% 미만까지 내려갔습니다. 사람들은 네덜란드 병이 극복된 이 시기를 '네덜란드 기적Dutch Miracle'이라고 부르게 됐습니다.

물론 완벽한 기적은 아니었습니다. 바세나르 협약으로 인해 고용률은 높아졌지만, 계약직이 늘면서 양극화 문제가 생겼으니까요. 그래도 네덜란드는 자원에 취해 무너졌던 나라를 합의로 다시 세웠습니다.

지금도 네덜란드는 새로운 도전에 직면해 있습니다. 고령화로 복지 지출이 늘고, 천연가스는 이제 고갈에 가까워졌습니다. 또 아시아의 신흥 항만들이 로테르담의 지위를 위협하고 있죠. 하지만 과거에서 배웠듯 네덜란드가 자원과 같은 외부 요소에 의존하지 않고, 합의와 개선 노력을 계속한다면 어떠한 위기도 슬기롭게 극복할 수 있을 것입니다.

네덜란드 역사의 주요 사건

16~17세기: 해상무역의 황금기

1519년
스페인 제국의 지배

1568년
스페인 필리프 2세에 반발, 네덜란드 독립전쟁 (80년 전쟁) 시작

1579년
북부 7개 주의 연합으로 독립 공화국 기틀 마련

1581년
네덜란드 독립 선언

1795년
프랑스 혁명군의 지원으로 바타비아 공화국 수립

20세기: 두 차례의 세계대전

1914~1918년
제1차 세계대전 중 중립 유지, 난민 수용 및 경제적 피해

1940~1945년
나치 독일 점령, 유대인 학살, 종전

1949년
인도네시아 독립 승인, 제국 시대 종말

1602년
동인도회사 설립,
아시아 무역
독점 시작

1609년
스페인과
12년 휴전 체결

1648년
스페인이 네덜란드
독립 공식 승인
(베스트팔렌 조약)

18~19세기: 네덜란드 왕국 성립

1815년
네덜란드
왕국 수립,
입헌군주제 출범

1830년
남부 가톨릭
지역(벨기에)
분리

1848년
입헌군주제와
의회 중심의
정치 체제 확립

21세기~현재: 현대 복지국가 완성

2002년
자유주의·
복지정책 정착,
유럽 핵심
중견국 역할

· 아프리카 ·

자원은 어떻게
국가의 미래를
결정할까?

전 세계 원유의 7.5%, 천연가스의 7.8%가 매장돼 있으며, 세계 다이아몬드 생산의 가장 큰 비중을 차지하는 곳. 동시에 전체 인구의 40%가 슬럼가에서 빈민 생활을 하고, 2억 명 가까운 어린이가 물 부족에 시달리는 곳. 이곳은 어디일까요? 바로 아프리카입니다.

아프리카는 풍부한 자원이 매장된 곳이지만 동시에 세계에서 가장 빈곤한 지역이기도 합니다. 다이아몬드가 생산되는 나라에서 극빈층 비율이 70% 이상, 삶의 질이 전 세계 최하위권이니 말입니다.

사실 아프리카가 강성했던 시절도 있었습니다. 3~6세기 전성기를 누린 동아프리카의 악숨 왕국은 무역으로 번성하며 해군까지

금화를 들고 있는 말리 제국 제9대 황제 만사 무사

건설해 '4대 강국'이라 불렸고, 14세기 말리 제국은 당시 구세계(유럽, 아시아, 아프리카) 금의 절반 가까이를 공급했다고 전해집니다. 실제 말리 제국의 황제 만사 무사는 전문가들로부터 '재산이 너무 많아서 추정 불가'라고 판정받을 만큼, 역사상 최고의 부자로 꼽힙니다.

하지만 현재 사하라 이남 아프리카인들은 인구의 절반이 1달러도 안 되는 돈으로 하루를 버팁니다. 이렇게 엄청난 잠재력을 가진 아프리카는 어째서 여전히 가난할까요?

척박한 환경과
끝없는 갈등

아프리카 지역 대부분은 열대나 아열대 기후입니다. 고온 다습한 열대 지방은 에이즈, 말라리아, 결핵 등 각종 치명적인 질병이 창궐하기 좋은 환경입니다. 실제로 2020년 말라리아 감염자 2억 4,000만 명 중 95%가 아프리카에서 발생했습니다. 이처럼 만연한 전염병은 국가 운영을 저해하고 발전을 가로막았습니다.

이런 기후적 특성 외에 아프리카의 지질학적 특성, 즉 아프리카 토양 역시 발전을 저해한 측면이 있습니다. 지질학적으로 농사가 어려운 땅이 많기 때문이죠. 농업은 국가 존속의 기반이 될 만큼 중요한 요소입니다. 우리가 먹는 식량 대부분이 농업으로 생산되고, 농업이 잘 이뤄져야 그다음 단계 산업으로 발전할 기반이 다져질 수 있습니다.

하지만 많은 아프리카 토양이 지질학적으로 너무 오래전에 형성됐습니다. 예를 들어, 유럽 같은 중위도의 온대 지방에서는 농사가 잘됩니다. 왜냐하면 비교적 최근에 형성됐기 때문이죠. 최근에 만들어진 토양일수록 세월의 풍파를 덜 겪어서 영양분이 남아 있을 가능성이 높습니다.

하지만 아프리카 내륙 지방의 토양은 그보다 훨씬 오래전인, 중생대 때 형성된 곳도 있습니다. 즉, 약 2억 년도 더 전인 공룡 시대 때 만들어진 흙인 거죠. 그때부터 현재에 이르는 엄청난 세월 동안 토양에 있던 영양분은 상당 부분 쓸려 나갔습니다. 그러니 척박하여 농사가 잘 안되는 것이죠. 가뜩이나 열대 지방이라 농사가 힘든 판국에 말입니다.

그래서 아프리카인은 화전 농업이라 하여, 숲을 태우고 이를 거름 삼아 농사를 짓습니다. 하지만 이 또한 악순환을 낳습니다. 농사를 위해 숲을 태우다 보니 너무 많은 숲이 사라졌고, 이는 가뭄으로 이어져 아프리카 땅이 더더욱 황폐해졌기 때문이죠. 결국 이런 지질학적 특징은 아프리카의 식량 부족을 일으켜, 경제 발전에 엄청난 걸림돌이 됐습니다.

발전에 불리한 조건을 가진 아프리카. 그럼 이를 해결하기 위해 국민이 서로 단합해서 발전을 모색해야겠죠? 그런데 아프리카는 단합조차 쉽지 않은 문화입니다. 왜냐하면 다양한 연유로 인해 각 부족 사이의 갈등이 끊이지 않기 때문입니다.

아프리카 부족들은 한 나라에 뒤죽박죽 섞여 있는 경우가 많습니다. 한 예로, 나이지리아는 인구가 2억 명인데, 그 안에 무려 250여 개나 되는 부족이 존재합니다. 또 소말리아는 갑자기 강제로 분리돼 케냐, 에티오피아, 지부티 등으로 흩어지면서 나라 간에 엄청난 갈등이 초래되기도 했습니다.

유럽 열강이 뿌린
비극의 씨앗

왜 나라와 부족이 마구 뒤얽히게 된 걸까요? 제국주의 시절, 유럽 열강들이 민족 구분 없이 마음대로 아프리카의 국경선을 그었기 때문입니다.

19세기 유럽 열강 사이에는 땅따먹기 열풍이 일었습니다. 그들은 자국의 발전을 위해 거대한 아프리카를 식민지화했는데, 이때

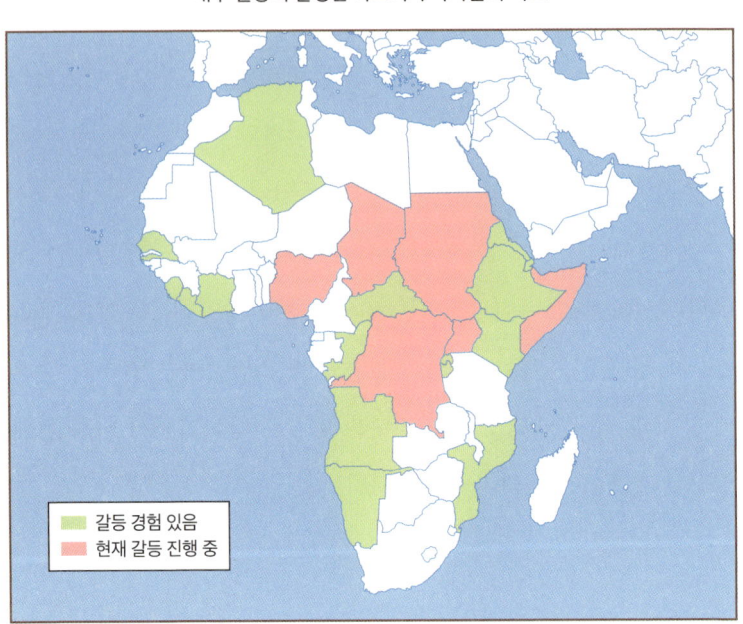

내부 갈등이 발생한 아프리카 국가들의 지도

경쟁에 나선 나라가 영국, 프랑스, 벨기에, 독일, 포르투갈 등이었습니다. 유럽 열강이 신나게 식민지 영토를 확장하던 그때, 문득 이런 생각을 합니다.

유럽 열강   가만… 그런데 이렇게 나눠 먹다가 우리 유럽 나라들끼리 충돌이라도 하면 어떡하지? 이것 때문에 전쟁하긴 싫은데….

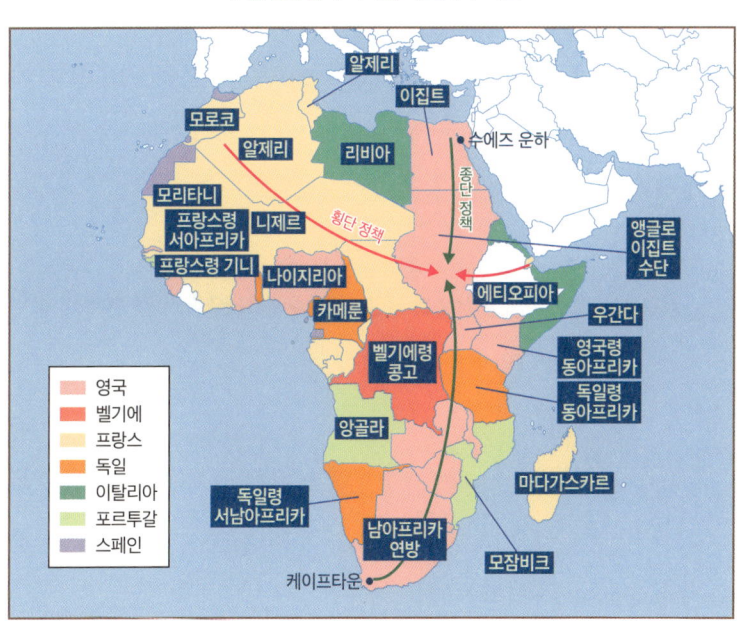

유럽 열강들이 차지한 아프리카 지도

머리를 맞댄 결과, 그들이 선택한 것은 다름 아닌 땅 가르기였습니다. 아프리카에 각자 선을 긋고, 서로 여기까지만 갖자고 약속한 것이죠. 이를 위해 1884년 베를린에서 콩고 회의를 개최하고, 열강끼리 아프리카 식민지 분할 규칙을 정합니다. 그리고 이후 수십 년에 걸쳐 국경선을 획정해 나갔습니다.

이는 아프리카에 대재앙을 불러옵니다. 그곳에 사는 부족들에 대한 배려 없이, 유럽 열강이 편한 대로 국경을 나눴기 때문입니다. 그러다 보니 앞서 말한, 나이지리아나 소말리아 같은 사태가 일어난 것이죠.

곧 아프리카 전 지역에서 부족 간 분쟁이 일어났습니다. 문제는 이런 분쟁이 아프리카 각국이 독립하고 난 후에도 심화돼, 최악의 경우 내전과 학살로까지 이어졌다는 것입니다. 그 대표적인 예가, 영국의 식민지였던 수단입니다. 19세기 영국은 수단을 통치하다가 이런 생각을 하게 됩니다.

영국   음, 수단은 남북의 종교와 인종이 다르네. 그럼 편하게 남북으로 나눠서 관리해 볼까?

그렇게 영국은 수단을 남북으로 분할해 분리선을 긋고, 마치 두 나라처럼 관리합니다. 그런데 시간이 지나 1947년에 이르러 갑자기 영국의 마음이 바뀝니다.

영국   이제 보니 남부 수단 경제가 너무 뒤쳐져서 자립이 어려울 것 같은데, 그냥 남북을 다시 합치자!

곧 분리 정책을 철회하고 남북을 다시 통합합니다. 문제는 수십 년간 따로 살던 남북이 갑작스러운 통합 이후 인종, 종교적 차이로 인해 엄청난 갈등을 겪었다는 사실입니다. 이것이 도화선이 돼 수단 내전이 일어났고, 이로 인해 수십 년간 200만 명 가까이가 사망합니다. 남수단은 결국 엄청난 희생을 치른 뒤, 수단으로부터 2011년에 독립하게 되죠. 영국의 변덕 때문에 수많은 목숨이 희생된 것입니다.

나이지리아에서 일어난 내전 또한 영국 때문이었습니다. 영국

나이지리아 최악의 내전이었던 비아프라 내전(1967~1970년)

은 이보족, 요루바족, 풀라니족 등 서로 갈등하던 부족들을 뭉뚱그려서 나이지리아라는 지역에 합쳐놨고, 나이지리아는 이 상태로 영국으로부터 독립하게 됩니다. 그리고 이후 발생한 나이지리아 내전에서, 불과 3년간 50만에서 200만 명의 사망자가 발생합니다.

이 외에 벨기에가 지배했던 르완다에서는 르완다 대학살로 인해 80만 명이 사망했고, 포르투갈이 지배했던 앙골라에서도 비슷한 수가 앙골라 내전으로 사망했습니다. 유럽 열강의 지배와 국경선 획정이 아프리카의 엄청난 희생을 낳은 것이죠.

그런데 이러한 아프리카 내 갈등이 유럽의 국경선 획정과 상관없다는 주장도 있습니다. 어차피 부족 간 분쟁이 잦은 곳이었기에, 가만히 둬도 갈등이 일어났을 거라고요. 결론부터 말하면 이 주장은 사실과 거리가 멉니다. 간단히 유럽에 같은 상황을 적용해 보면 알 수 있죠.

유럽도 역사적으로 1,000년이 넘게 싸우다가, 간신히 국경선을 안정시켜서 지금의 위치에 자리 잡았습니다. 그런데 여기에 더 강력한 외부 세력이 들어와서 국경선을 새로 구획했다고 가정해 봅시다. 당연히 외부 세력이 없었을 때보다 더 많은 전쟁과 희생을 치를 가능성이 큽니다.

부패와 관습이 만든
가난의 악순환

이처럼 아프리카가 가난에서 벗어나지 못한 데에는 유럽인들의 책임이 막중합니다. 그러나 모든 책임이 유럽에만 있는 것은 아닙니다. 아프리카의 가난에 큰 영향을 미친 아프리카인들도 분명 존재하기 때문이죠. 바로 부패한 독재자들이 그들입니다.

아프리카는 쿠데타가 자주 일어나는 등의 이유로 독재자가 다스렸던 국가가 많습니다. 대표적으로 우간다의 독재자 이디 아민, 짐바브웨의 무가베, 에티오피아의 멩기스투 등이 있죠. 이 독재자들은 상상을 초월하는 부정부패를 저질렀습니다.

자이르(현 콩고인민공화국)의 모부투 대통령은 부정을 통해 스위스 계좌에 자그마치 약 50억 달러를 은닉했으며, 나이지리아의 아바차 장군 역시 비슷한 액수를 빼돌린 것으로 유명합니다. 우간다의 독재자 이디 아민이 끝판 왕이었는데, 그는 정부 예산의 절반가량을 자신을 위해 사용했습니다. 그리고 독재자들은 세금을 흥청망청 썼으니, 짐바브웨 독재자 무가베는 딸 결혼식에만 현재 가치로 600만 달러를 썼고, 중앙아프리카 공화국의 장 베델 보카사는 자신을 황제로 칭한 후 취임식을 열며 1억 달러를 사용했습니다.

권력층이 국가 재산을 개인 재산처럼 사용하니, 나라 발전에 돈이 제대로 쓰일 턱이 없었죠. 짐바브웨의 경우, 한때 자급자족이 가능한 풍요로운 나라로 불렸으나 무가베의 집권 이후 순식간에 국가 재정이 파탄 났습니다.

아마 이런 의문이 생길 수도 있습니다. '아니, 아프리카에는 매년 세계에서 엄청난 원조 기금이 제공되는데 왜 아직도 낙후된 곳이 많지?' 아프리카 독재자들과 그 공모자들이 원조 기금을 착복하는 점도 무시할 수 없습니다.

2011년 말리에서는 장관 포함 7명의 관료가 에이즈 퇴치를 위한 원조 기금 56만 달러를 빼돌렸고, 잠비아의 고위층은 유럽이 지원한 원조 기금을 빼돌리다 발각돼 원조가 중단되기도 했습니다. 아프리카 지원금이 권력자의 호주머니에 들어가고 있던 셈이죠.

그럼 아프리카 국가들은 정말 다 이렇게 부패한 걸까요? 과연 선량한 지도자는 존재하지 않는 걸까요? 그렇지 않습니다. 아프리카에도 뜻이 있는 정치인이 여럿 등장했습니다.

인종 차별 철폐를 위해 노력한 남아공 최초의 흑인 대통령 넬슨 만델라도 있었고, 탄자니아 초대 대통령 줄리어스 니에레레는 종족 간 협력을 주창하며 통합과 발전을 도모했습니다. 하지만 이런 이들은 비교적 소수였고, 많은 아프리카 국가가 여전히 부정부패로 몸살을 앓고 있는 게 사실입니다.

사실 아프리카에 부정부패가 만연한 데에는 문화적 이유도 존재합니다. '공동 부양 문화'가 그것이죠. 전통적으로 부족을 이루며, 씨족사회 문화가 강했던 아프리카는 대가족을 공동으로 부양하는 것이 일종의 관습이었습니다. 그래서 씨족 내에서 누군가가 성공하면, 그 돈으로 대가족을 부양하는 것이 당연하다고 여겼죠. 문제는 이 문화가 고위 정치인에게도 예외 없이 적용됐다는 것입니다.

그래서 어떤 정치인이 권력을 쥐면 자신의 가족, 나아가 같은 지역 출신들에게까지 특혜를 주는 것이 보편화됐습니다. 그 과정에서 당연히 뇌물이 오가기가 쉬웠고, 권력자들은 이를 흥청망청 썼죠. 그러다 보니 능력보다 인맥을 중시한 많은 아프리카 나라에서는 정책도 인맥 중심으로 만들어지기 일쑤였고, 진짜 능력 있는 사람이 대우받지 못해 아직도 많은 수가 해외로 유출되고 있습니다.

이처럼 아프리카의 가난에는 복잡하고 다양한 원인이 존재합니다. 엄청난 잠재력을 품고 있는 아프리카가 이 풀기 어려운 숙제를 반드시 풀어내어, 그 잠재력에 걸맞은 발전을 누렸으면 합니다.

아프리카의 식민지 역사

15~17세기: 유럽의 아프리카 진출

1415~1488년
포르투갈의 아프리카 해안 항해 시작

1652년
네덜란드, 케이프타운 식민지 건설

1880년대 이후: 아프리카 분할

1884~1885년
베를린 회의에서 유럽의 아프리카 분할

1890년대
제국주의 절정기, 식민지 확장

1899~1902년
영국, 남아프리카 간의 보어 전쟁

1950~1970년대: 아프리카 독립

1951년
제2차 세계대전 후 리비아 독립

1957년
사하라 이남에서 가나 독립

1960년
아프리카 17개국 동시 독립

18~19세기 초: 대서양 노예무역 확대

1807년
영국,
노예무역 폐지,
식민지 확대에 집중

1830년
프랑스의
북아프리카
식민지화

1869년
수에즈 운하 개통으로
유럽의 아프리카
지배 가속

20세기 전반: 세계대전과 식민지 저항

1914년
제1차 세계대전
전후 독립운동의 불씨

1919년
베르사유 조약으로
독일 식민지 분배

1945년
제2차 세계대전 종료,
식민지 독립운동 확산

1990년대 이후: 식민 잔재 청산·재편

1975년
유럽 식민 체제
사실상 종료

1994년
남아프리카공화국,
식민주의 잔재인
인종 차별 체제 공식 종식

5장
· 욕망 ·

돈, 영토, 권력을 둘러싼 치열한 암투

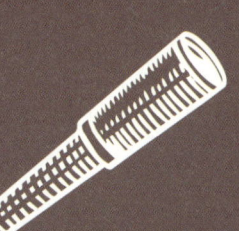

• 몽골제국 •

최대 영토를 자랑했던 몽골이 쇠락한 이유

지상 최대의 단일 제국이었던 몽골제국은 말과 혼연일체가 된 전사들을 앞세워 최대 2,400만km²에 달하는 영토를 장악했습니다. 그 이후, 몽골처럼 유라시아 주요 지역 전체를 아우르는 제국은 나타나지 않고 있죠.

그런데 현재 몽골제국은 남아 있지 않고, 작은 나라들로 나뉘어 있습니다. 거대 제국이었던 몽골제국은 왜 갑자기 사라진 걸까요?

칭기즈칸, 지상 최대의 단일 제국을 만들다

원래 몽골족은 평범한 유목 부족 중 하나였습니다. 그러다가 칭기즈칸이 통일해 몽골제국을 건설한 것이죠. 유목 지도자가 제국을 세우는 것은 흔한 일이지만, 칭기즈칸의 제국은 차원이 달랐습니다. 원래도 강했던 유목민족의 전투력을 칭기즈칸이 극대화했기 때문입니다.

몽골제국의 건국자 칭기즈칸

그는 기마 전사들을 최대 1만 호 단위로 엮고, 1,000호, 100호, 10호 단위로 쪼갠 뒤 특정 호에 속하면 다른 호로 보내지 않고 그 안에서 동고동락하도록 했습니다.

칭기즈칸 너희들은 이제부터 한 식구고, 평생 동고동락하며 전쟁을 해야 해. 만약 명령을 따르지 않고 도망치면 사형이지만, 공을 세운다면 3대가 먹고살 전리품을 주겠다.

전사들은 파멸적인 전투력으로 전쟁에 임했습니다. 1206년의 몽골은 통일 이후, 주변국인 서하, 서요, 심지어 거대한 중원의 금나라까지 모조리 정복했고, 이란 쪽 호라즘 왕국이 칸의 사신을 죽이자, 그 즉시 군대를 보내 왕국을 소멸시켰습니다. 삽시간에 영토가 확장된 몽골군은 깨달았습니다.

몽골군 우리 전투력 좀 강한 것 같은데, 서쪽으로 더 가볼까?

결국 몽골제국의 제2대 황제 오고타이 칸 때는 유럽을 침공해서 러시아, 폴란드, 헝가리를 차례로 격파하고, 이슬람 제국인 아바스 왕조까지 멸망시킵니다. 엄청난 영토를 차지한 몽골. 그들은 정복 초반에는 이런 자세였습니다.

몽골군   휴~ 도시는 부수고 전리품만 챙겨서 집에 보내자. 아내와 애들이 좋아하겠지?

그러다 시간이 지나 깨닫습니다. 약탈로 얻는 수익은 지속될 수 없고, 정복민을 다스리며 세금을 징수해야 한다는 것을요. 그 순간부터 몽골은 경영자 모드로 바뀝니다. 진정한 몽골 대제국의 시작이었죠.

의외로 몽골은 새로운 과제인 통치를 잘해 냈습니다. 행정 처리를 위해서 당시 가장 발전한 아라비아 숫자를 채택했고, 중앙의

최전성기 시절의 몽골제국 영토(1279년경)

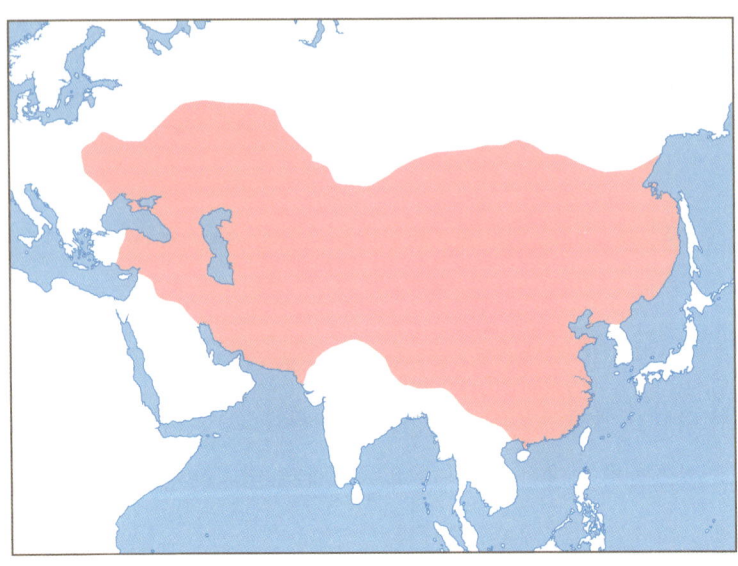

명령을 제국에 빨리 전달하기 위해 역참 제도(몽골고원에서 수도를 기점으로 하여 각 지방으로 도로를 개통하고, 40km 간격으로 여관과 말이 딸린 '참'을 설치한 제도)도 도입했죠. 이 역참을 통해 하루에 320km를 주파할 수 있었습니다.

이때까지만 해도 제국은 효율적으로 통치됐고, 팽창했죠. 결국 1270년대에는 중국 송나라까지 정벌해서 동아시아, 중앙아시아, 서아시아를 연속으로 석권했습니다. 표면적으로 최전성기를 구가하고 있었죠.

그러나 아이러니하게도 그 순간, 제국을 몰락으로 이끄는 근원적인 문제가 피어나고 있었습니다.

탄생과 멸망을 모두 낳은 제국의 특성

사실 제국에는 두 가지 취약점이 있었습니다. 첫 번째는 유목민족 특유의 권력 구조였습니다. 몽골 같은 유목민족은, 황제에게 국가 구성원이 절대복종하는 중국 같은 나라와 사뭇 달랐습니다. 척박한 환경에서 각 부족이 각자도생하다가, 통솔력 있는 지도자가 등장하면 그때 공통의 목표를 위해 연합하는 형태였죠. 그 순간, 유목민족은 폭발적으로 성장했습니다. 하지만 지도자의 카리스마나 공통의 목표가 사라지면 언제든 재분열이 가능했죠.

분열이 쉬운 구조적 문제가 있었음에도 칭기즈칸은 이를 공평한 자원 배분으로 통제해 냈습니다. '우린 영원히 한 식구다'라는 공통의 목표를 갖고, 구리 한 조각까지 원칙에 따라 분배했습니다.

그런 그는 정복한 땅도 배분해야 했습니다. 칭기즈칸에게는 아들이 넷 있었는데, 그들 모두 전장에서 생사고락을 같이했기 때문입니다. 만약 이를 공평하게 나누지 않고 중국처럼 맏아들에게만 넘겨준다면, 내전이 일어날 수도 있었습니다. 그러면 곧 제국이 붕괴할 수도 있는 것이죠.

임종을 앞둔 칭기즈칸이 아들들에게 조언하는 모습

그래서 칭기즈칸은 가장 믿을 만한 삼남 오고타이에게 대칸(몽골이나 튀르크 계통 국가의 최고 지도자) 자리와 중요한 지역을 물려줬고, 맏아들 주치에게는 유럽, 차남 차가타이에게는 중앙아시아, 막내 톨루이에게는 몽골고원 지역을 물려줬습니다. 이것이 몽골의 원동력이자 한계였습니다.

초반에는 칭기즈칸이 능숙하게 배분해서 권력욕을 통제했습니다. 하지만 시간이 지나고, 아들들이 성장하자 각종 출신 성분 문제, 통솔력 문제 등으로 내분이 시작됩니다. 실제로 맏아들 주치는 출신 성분이 불투명해 항상 문제가 됐는데, 이는 두고두고 갈등의 실마리가 됩니다.

나중에는 형제간에 전쟁이 벌어졌는데, 1259년 제4대 몽케칸이 죽자 그의 동생들인 쿠빌라이와 아리크부카 간에 내전이 일어납니다. 그리고 내전에서 승리한 쿠빌라이가 결국 제5대 쿠빌라이 칸으로 즉위했는데, 이때부터 몽골의 분열은 가속화됩니다.

쿠빌라이는 내전 당시 군사적으로 열세였던 터라, 서방의 땅을 상속받은 형제들에게 이렇게 제안합니다.

쿠빌라이   형님, 제가 칸에 오르면 형님 땅의 정복민을 직접 지배할 수 있도록 해드리겠습니다. 그러니까 저를 밀어 주시죠.

당시에는 중앙의 칸이 정복지 백성들을 직할로 다스렸는데, 쿠

네 국가로 분열된 몽골제국

빌라이의 제안이 현실화되면서 직할 통치 시스템이 약화되고, 제국은 크게 원나라(쿠빌라이 직할령), 차가타이한국, 킵차크한국, 일한국의 네 국가로 분열됩니다.

물론 표면상으로는 분열됐지만, 각 한국은 같은 제도를 공유했고, 일체 의식도 있었죠. 이때까지도 몽골제국은 본토인 원나라가 정점에 서서, 나머지 한국을 형식상 이끄는 구조였습니다. 한 방에 살던 식구가 각방을 쓰게 된 셈이었죠.

시간이 흐르자 황금 씨족의 정체성은 엷어졌고, 칭기즈칸의 자손들도 갈수록 늘어납니다. 마침내 원나라의 리더십까지 약화되면서, 서방 한국들은 원나라 칸만 쓸 수 있는 칭호를 멋대로 사용하기에 이릅니다. 점점 분열되는 제국. 이에 몽골의 피정복민들은 싱글벙글했습니다.

피정복민 얘네 봐라. 지들끼리 싸우네. 좀만 더 버텨보자. 기회가 올 거야.

몽골에 대한 두려움이 사라지기 시작한 것입니다. 이 시점에 두 번째 취약점이 수면 위로 떠오르는데, 바로 지속 가능한 통제력의 부재가 그것이었습니다.

몽골제국의 통제력은 주로 압도적 무력을 통한 공포에서 기인했습니다. 하지만 몽골이 분열되니 전투력도 축소됐고, 계속해서 압도적인 힘을 유지하기 어려워졌죠. 애초에 몽골은 인구도 적어서, 가뜩이나 제국 통치에 애를 먹고 있었습니다.

칭기즈칸 시대 때 몽골 본토 인구는 70~100만 정도였던 반면, 몽골이 정복한 중국 송나라 인구는 8,000만이었고, 아바스 왕조는 수도 바그다드에만 100만 명이 살았습니다. 적은 인구로 항상 군사 우위를 유지하는 건 불가능했죠.

이를 상쇄하려면 타국이 본국에 동화되게 만드는 문화적 힘이 있어야 했지만, 당장 중국 문화만 봐도 몽골보다 뛰어났고, 이슬람 지역은 이미 대수학과 이차 방정식을 능숙하게 사용했고, 빛이

망막에 맺히는 원리를 밝혀내고 있었습니다. 그래서 피정복민들은 '저런 힘만 센 무식한 녀석들에게 왜 지배당해야 하나'며 불만이 컸죠. 몽골은 대제국을 경영할 토양이 태생적으로 부족했습니다.

그러자 결국 몽골이 택한 방법은 독립 열망을 무력으로 찍어 누르는 것이었습니다. 그래서 강도 높은 차별 정책을 벌였는데, 원나라부터가 한족은 절대로 관직에 앉히지 않는 차별 대우로 유명했습니다. 한때는 아예 과거 시험도 폐지했습니다. 한족은 사실상 노예 취급을 받았고, 불만은 엄청나게 쌓여만 갔죠.

러시아를 지배하던 킵차크한국의 경우, 러시아인에게 엄청난 공납을 요구했고 안 바치면 노예로 잡아갔습니다. 러시아의 각 중심지는 철저히 불태워졌고요. 러시아는 200여 년간 몽골의 탄압을 받았는데, 얼마나 울분이 쌓였는지 지금도 이 시기를 '타타르(오랑캐)의 멍에'였다며 몸서리칩니다.

걷잡을 수 없는
몰락과 분열

이런 그들에게 희소식이 들려옵니다. 가뜩이나 몽골의 공세가 약해지던 차에 몽골군의 위세가 꺾이는 큰 사건이 발생한 것이죠. 바로 1260년의 아인잘루트 전투였습니다.

아바스 왕조를 점령한 몽골군은 그 옆의 맘루크 왕조까지 공격했는데, 팔레스타인의 아인잘루트 지방에서 몽골군이 대규모로 참패한 것입니다. 이는 상징적인 사건이었습니다.

피정복민   몽골군이 이젠 지기 시작하네? 힘이 매우 약해졌군!

이쯤이면 피정복국도 몽골군의 전술이 익숙해진 상태. 예전에 참패했던 헝가리마저 몽골군의 침입을 격퇴해 내기 시작합니다. 제국 전역에서는 우후죽순 반란이 일어났죠. 러시아 지역에서는 슬라브족이 모스크바 대공국을 세우고 몽골에 대항했는데, 그곳을 관리하던 킵차크한국은 1380년 쿨리코보 전투에서 그만 대패하고 맙니다.

한편 이란 지역에 위치한 일한국은 약 오르게 버티고 있던 맘루크 왕조를 재차 침공했는데, 거의 장악해 가던 찰나 차가타이한국이 일한국 본토에 침입합니다.

일한국   아… 아니, 뭐야? 같은 핏줄끼리 이래도 되는 거야?
킵차크한국   자리 비우면 형제라도 안 봐줘!

같은 한국끼리 싸우는 형국에 몽골의 위세는 계속 추락했죠. 마침내 제국의 총사령부 원나라도 휘청거립니다.

원나라는 강압 통치를 이어가다가 14세기 초중반, 각종 자연재해로 한족이 대규모로 사망하고, 정부의 화폐 남발로 쌀값이 2,500배나 폭등하는 극도의 인플레이션이 벌어집니다. 마침내 한족의 불만은 폭발했고, 오랑캐를 몰아내자는 '홍건적의 난'이 일어나 원나라 여름 수도를 불태우기에 이릅니다.

원나라도 진압군을 보냈지만, 반란이 전 중국에서 들불처럼 번지니 손쓸 도리가 없었습니다. 이런 상황에서 제국 공동의 목표 의식은 사라지고, 지배층은 내분을 일으키거나 사치와 향락에 빠지기 시작했습니다.

제국은 천천히 몰락합니다. 먼저 차가타이한국은 내분으로 인해 동서로 분열됐다가 정복자 티무르가 세운 티무르 제국에 정복당했고, 일한국 역시 내분으로 혼란하다가 당시 흑사병으로 황족들이 죽어 나가자 서서히 해체됩니다. 참고로 이때 킵차크한국은 약해진 일한국에 쳐들어가 멸망의 결정타를 날렸죠.

그러나 킵차크한국도 곧 명을 다합니다. 역시 티무르 제국의 공격을 받은 데다가 러시아 세력이 점점 강해지면서 킵차크한국은 분열되기 시작했고, 명맥만 간신히 유지하다 1502년에 멸망합니다.

한편 점점 조직화된 홍건적은 원나라를 몰아붙였고, 주원장에 의해 한족 국가인 명나라까지 세워지는 지경에 이릅니다. 결국 1368년, 명나라에 패배한 토곤테무르칸은 몽골 본토로 후퇴합니다.

쳐들어가는 건 잘하던 몽골이 방어와 지속에는 실패한 것입니다.

몽골은 다시 부흥할 수 있을까?

하지만 이것이 몽골제국의 멸망은 아니었습니다. 북쪽으로 밀려나 '북원'이라 불린 몽골인들은 여전히 자신을 원나라라 칭하며 건재했습니다. 동아시아는 북원과 명나라의 대치 상태가 됩니다.

15세기 초반에는 명나라 영락제가 몽골 본토를 침공했다가, 반대로 15세기 중후반에는 몽골이 명나라 황제를 포로로 잡고, 수도 베이징을 포위하며 기세를 올렸습니다. 이때까지도 북원은 강대국이었습니다. 그러나 다시 내분이 생깁니다. 북원의 전성기를 이끌던 다얀칸 역시 칭기즈칸처럼 장남 이외의 자녀들에게 골고루 영지를 나눠준 것입니다.

다얀칸도 땅을 분배하면서 자녀 간에 분열이 생길까 불안했습니다. 역시나 아들들과 부족 간에 대칸 자리를 둔 내분이 끊이지 않았고, 결국 몽골은 17세기에 남몽골(고비 남쪽), 할하 몽골, 오이라트 몽골(알타이산맥 너머)로 분열돼 버리죠. 그리고 그새 강성해진 여진족이 강력한 전투력으로 남몽골, 할하 몽골을 차례로 복속시킵니다. 이때 여진족이, 그 막강했던 청나라였습니다.

중가르 제국을 멸망시킨 청나라 황제 건륭제

결국 오이라트 몽골만 살아남았는데, 그들은 최후의 불꽃으로 마지막 몽골계 제국인 중가르 제국을 세웁니다. 중가르 제국은 한때 티베트까지 쳐들어가며 거대한 영토를 자랑했고, 청나라의 가장 큰 적으로 여겨졌습니다.

그러나 18세기 말에 다시 재위 계승 문제로 내전이 발생했고, 당시 청나라 황제 건륭제가 이 기회를 놓치지 않고 1755년에 중가르 제국을 공격해 멸망시킵니다. 결국 몽골은 유목민족 특유의 시스템을 극복하지 못한 채, 제국의 막을 내립니다.

이후 청나라는 다시는 몽골이 일어서지 못하도록 중가르인을 철저히 절멸시켰고, 남몽골과 할하 몽골은 내몽골과 외몽골로 분리해 지배했습니다. 이 상태가 장기간 지속되자 몽골 간의 연결고리는 사라졌고, 청나라가 멸망하자 어부지리로 한족이 내몽골을 접수합니다. 그렇게 내몽골은 중화민국을 거쳐서 현재 중화인민공화국의 영역이 됐고, 외몽골은 소련에 편입됐다가 소련 해체 후 독립해 현재의 몽골 공화국이 됐습니다.

이제 몽골은 부흥하고 싶어도 사실상 어려운 상황에 놓였습니다. 강대국 사이에 껴 있기 때문이죠. 그저 옛 영광만을 그리워하는 중입니다.

몽골제국이 몰락한 데에는 총기 개발, 잘못된 경제 정책 등 다른 이유도 작용했습니다. 하지만 몽골인의 구조적인 시스템이 가장 주요한 요인이었을 것입니다. 만약 구성원의 욕망을 잘 통제했다면 제국이 더 지속됐겠지만, 태생적인 특징을 바꾸는 것은 매우 어려운 일이었죠. 몽골의 역사는 개개인의 역량이 아무리 뛰어나도, 반드시 그들의 욕망을 제어할 시스템 또한 중요하다는 교훈을 주는 듯합니다.

{ 몽골 역사의 주요 사건 }

고대~초기: 유목 시대

기원전 3세기경
몽골 초원 최초
대규모 유목 국가
흉노 제국 성립

6세기경
중앙아시아
유목민 세력
돌궐(튀르크)
제국 등장

중세 초~13세기: 대제국의 시작

1211~1215년
북중국 점령

1219~1221년
중앙아시아·
이란까지
세력 확장

1227년
칭기즈칸 사망 이후
분할 통치 시작

1234년
오고타이 칸,
북중국 완전 지배,
몽골제국 전성기

14~17세기: 제국의 분열

1368년
원나라 멸망,
몽골 세력
북쪽 초원으로 후퇴

15~16세기
내분과 분열 지속,
중앙집권 붕괴

1636~1691년
청나라가
몽골 통합·지배

8~9세기
몽골 고원 중심의
유목 왕국
(위구르 제국) 건설

12세기 후반
칭기즈칸이
여러 부족 통합

1206년
몽골제국 성립,
대제국의 시작

1241년
폴란드·헝가리
침공

1258년
바그다드 함락

1260년
제국 분열 가속,
4개 한국 분립

1271년
원나라 건국,
중국 통치 시작

19~20세기 초: 몽골 독립

**20세기 후반~현재:
공산주의 붕괴와 민주화**

1911년
청 멸망 후
몽골 독립 선언

1921년
소비에트 지원으로
혁명 성공,
몽골 인민공화국 수립

1990년
소련 해체 영향으로
공산주의
붕괴, 민주화

• 북한 •

남한보다 잘살던 국가에서 최악의 빈곤국으로

경제자유지수 177개국 중 꼴찌, 국내총생산^{GDP}은 한국의 54분의 1(2019년 기준), 국민총소득^{GNI}은 138만 원으로(2021년 기준) 한국의 4%에 불과한 나라는 어디일까요? 바로 북한입니다.

현재 북한은 세계 최악의 빈곤국으로, 주민들의 민생은 아랑곳하지 않고 국방에 돈을 쏟아부으며 쇠락의 길을 가고 있습니다. 그런데 북한이 한국보다 잘살던 시절이 있었다는 것을 아시나요?

1960년까지만 해도 북한의 1인당 국민소득^{GNP}은 (추정치마다 다르지만) 140~460달러로, 80달러인 남한보다 훨씬 높았습니다. 또 1970년 북한의 국방비 규모는 9억 3,600만 달러로, 남한의 7억 5,300만 달러를 압도했죠. 평양 지하철이 서울보다 1년 먼저 개통

됐고, 컬러 TV도 남한보다 6년 먼저 도입됐습니다. 하지만 어떤 이유에서인지 북한 경제는 점점 악화됐죠. 그 이유는 무엇일까요?

남한보다 잘살던 1960년대의 북한

일제 치하에 있던 한반도가 광복으로 해방된 1945년, 공산주의자 김일성이 한반도 북부에 들어옵니다. 권력이 얻고 싶던 그는 공산 세력의 큰형님 소련에 접근했고, 소련의 후원으로 성장해 북한 정권을 설립한 후 38선 이북 한반도를 차지하기에 이릅니다. 하지만 38선 이남(현 대한민국)까지 원했던 그는 소련의 허락을 받아, 1950년 6월 25일 남한을 대대적으로 침공했고 6·25 전쟁이 발발합니다.

이 끔찍한 비극으로 수백만 명이 사망했고, 전체 한반도 인구 절반이 피해를 입었으며, 셀 수 없이 많은 이산가족이 발생했죠. 전쟁은 북한의 실패로 끝났습니다. 남한 장악은커녕 북한군 사상자만 50만 명가량 발생했고, 중국 중공군의 지원을 받지 않았다면 국가는 소멸할 뻔했죠. 게다가 북한 공장의 절반 이상이 잿더미가 되면서, 전후 북한은 완전히 폐업 상태였습니다.

전쟁 후 북한 내부에서는 당연히 김일성에 대한 비난 여론이 거셌습니다. 그러나 김일성은 그로부터 살아남았죠.

김일성   입지가 흔들릴 땐 남 탓이 최고지. 패전의 책임을 정적들에게 덮어씌우자!

    김일성은 곧 정적들을 간첩으로 엮은 뒤, 이들 때문에 패전했다며 모조리 숙청합니다. 다시 권력 유지에 성공한 김일성, 그는 곧바로 소련과 중국에 도움을 구합니다. 무너진 북한을 재건해 달라며 지원을 요청한 것이죠.

    북한은 지정학적으로 공산 세력에게 중요한 나라였기에, 소련과 중국은 물심양면으로 북한을 지원합니다. 또 김일성은 1950년대 후반, 쌀밥과 고깃국을 먹게 해주겠다며 북한 주민을 대규모 동원함으로써, 경제는 빠르게 재건됐습니다. 이 국가적 대중 동원 운동을 '천리마 운동'이라고 합니다.

    그래서 앞서 언급했듯, 1960년대 북한은 엄청나게 발전해 국민 총소득은 물론 석탄, 철광석, 화학 비료, 시멘트 생산량, 전력 발전량, 어획량 부분에서 남한을 압도했습니다. 또 전력 발전량은 남한의 5배, 화학 비료 생산은 20배나 됐죠. 이때만 해도 남한은 가난에서 벗어나지 못하고 있었습니다.

    남한의 경제력을 가볍게 제친 북한의 김일성은 북한 인민들에게 나라를 재건한 위대한 수령이 됐습니다. 하지만 김일성은 몰랐습니다. 곧 자신이 할 행동 때문에 북한이 파멸의 길로 접어들 것을 말이죠.

때는 북한 경제가 발전하던 1962년, 사회주의권 국가 사이에 큰 사건이 발생합니다. 바로 '쿠바 미사일 사태'였죠. 이 사건은 소련이 사회주의 우방국 쿠바에 미사일 기지를 설치하려다, 미국의 압박에 결국 계획을 철회한 사건입니다.

북한은 이에 위기감을 느낍니다. 큰형님 소련도 미국으로부터 북한을 지켜주지 못할 거란 생각이 들었으니까요. 결국 김일성은 군사력에 집착하게 됩니다. 경제도 발전 중이었으니, 군대에 투자하기로 마음먹었죠. 물론 방어만을 위한 것은 아니었습니다. 김일

평양 모란봉공원에 있는 천리마 동상

성은 6·25 때 점령하지 못한 남한에 대한 공격까지 염두에 두고 있었습니다.

김일성 쿠바 사태는 분명 위기이지만 이를 기회 삼아 군대를 발전시키고, 때가 무르익으면 다시 적화 통일을 노려볼 수도 있겠는데? 한반도의 공산 통일은 반드시 완수돼야만 해. 경제도 안정돼 가니 지금이 적기다. 군대를 빠르게 키우자!

과욕과 조급함에 눈먼
독재자의 선택

하지만 김일성은 욕심이 과했습니다. 그는 단기간에 목표를 이루고 싶었기에, 군에 무리하게 투자합니다. 1960년 후반에는 무려 1년 예산의 30%를 국방에 사용했을 정도였죠. 하지만 극단적인 군비 지출은 북한 재정에도 큰 무리를 불러옵니다. 자본과 자원은 당연히 한정적이었으니까요.

  균형 발전을 해야 한다고 김일성에게 충고하는 이들도 있었지만, 김일성은 반대파를 숙청하고 강경하게 군사주의를 밀어붙였습니다. 이는 북한 경제를 더더욱 벼랑 끝으로 몰고 가, 순조롭게 진행되던 7개년 경제발전계획까지 실패하는 상황에 이릅니다. 결국 북한 경제는 1970년대에 침체하기 시작합니다.

반면 이 틈에 남한은 급성장합니다. 5·16 군사 정변 이후 1963년에 취임한 박정희 대통령은 새마을운동으로 상당한 경제 성장을 이루었고, 1974년이 되자 남한의 1인당 소득은 543달러로 북한의 515달러를 추월했습니다. 경제 규모 역시 북한을 앞지릅니다. 김일성의 욕심이 오히려 남한에 추월당하는 전환점이 된 것이죠.

김일성은 이에 자극을 받았고, 어떻게든 격차를 줄여야 한다는 위기감에 휩싸입니다. 그러나 경제가 나아질 기미는 보이지 않았습니다. 어떻게든 경제를 반등시켜야 하는 절실한 상황. 김일성은 이때 기가 막힌 방법을 떠올립니다. 바로 외국에서 돈을 빌리는 것이었죠.

1970년대는 마침 유럽 경제가 재건되면서, 유럽 은행에는 돈이 넘쳐나고 있었습니다. 따라서 유럽 은행들은 다른 나라에 돈을 빌려주고 이익을 얻는 데 열심이었죠. 자존심이 강한 김일성이었지만 물불 안 가릴 처지였던 그는, 북한의 자랑이라 선전했던 자립 경제 노선을 슬그머니 내려두고, 1971년부터 1980년까지 수십억 달러의 차관을 도입합니다.

김일성   자, 이제 이 돈으로 수출도 하고, 경제에도 투자하라고!

평양 지하철도 '천리마선'

　큰돈을 빌려 각종 분야에 투자했으니, 북한의 경제는 나름대로 성장합니다. 표면상으로는 번영이 찾아오는 분위기였고, 북한 지도부는 이 정책이 성공적이라 자화자찬했습니다.
　하지만 실상 북한의 투자 성과는 저조했습니다. 투자해서 물건을 만들었으면, 수출을 해야 돈을 벌 수 있습니다. 북한 역시 여러 나라에 수출했지만, 북한 상품의 경쟁력은 높지 않았고, 설상가상 1970년대 석유 파동으로 유가가 상승하니 전 세계의 물품 수입은 위축됐습니다.
　북한 무역은 꾸준히 적자를 기록합니다. 그러나 경직된 사회주의 계획경제 체제 아래서 유연한 대응이 어려웠고, 북한 공장에는 과잉 생산된 물품이 산더미처럼 쌓여갔습니다. 1980년대가 되자 상황은 더 나빠졌고, 차관까지 갚는다면 나라는 파산 위기에 빠질지도 모르는 상황이었죠. 김일성은 어떤 결정을 했을까요?

김일성　음… 돈이 없네. 그냥 갚지 말자.

그렇게 북한이 갚지 않은 차관은 30여 개국, 104억 달러에 달하는 것으로 추정됩니다(2013년 기준). 돈을 빌려준 나라들은 북한을 채무 불이행 국가로 선고했고, 북한은 곧바로 신용 불량 국가가 됐습니다.

보통 국가라면 이때 국제사회의 신뢰를 잃고 파산했을지 모릅니다. 하지만 북한은 의외로 별 타격을 입지 않았습니다. 소련과 중국 같은 공산 국가들이 북한의 지정학적 위치 때문에 여전히 경제 지원을 이어갔기 때문이죠. 돈을 빌려준 나라들 입장에서는 황당하기 그지없었습니다.

그러나 북한의 경제는 여전히 암울했고, 1980년대에 이미 더욱 몰락하고 있었습니다. 하지만 김일성은 이때까지도 제대로 된 판단을 내리지 못했습니다.

1980년대 남한은 3저 호황(저금리, 저유가, 저달러)으로 연 12%나 고도성장하는 동시에, 무역 규모는 북한의 11.5배로 급증했습니다. 김일성은 무리해서라도 체제의 우월성을 증명하려고 합니다.

그 때문에 일련의 자존심 싸움이 벌어지는데, 1984년 남한에서는 3일간 650mm의 폭우로 대홍수가 발생합니다. 재산 피해만 2,500억 원에 달하는 엄청난 수해였죠. 이때 김일성은 아이디어를 하나 떠올립니다.

김일성   오호, 우리가 남조선에 쌀, 옷감 등 구호물자를 지원해 주겠다고 해. 남조선은 지금 지옥일 텐데 우리 북조선이 물자를 보낸다고 하면 남조선이 힘들다는 게 증명되겠지. 어차피 남조선은 자존심 때문에 도움을 거절할 테니, 우린 돈 한 푼 안 들이고 국제사회에 승자로 비추어질 거야.

그런데 상황은 예상과 다르게 흘러갑니다.

남한   고맙다, 북한! 흔쾌히 구호물자쌀 7,800톤에 옷감 50만m와 시멘트 10만 톤까지 쾌척하다니! 이 은혜, 잊지 않을게. 꼭 도와줘!

북한은 당황했습니다. 하지만 북한 주민들에게 호언장담했으니, 물자를 보내지 않을 수 없었습니다. 김일성은 울며 겨자 먹기로 막대한 돈을 남한의 수해 지원으로 보내게 됐죠. 물자를 보낼 때도 북한만의 능력으로는 부족해서 중국으로부터 물자를 얻어왔다고 합니다.

서서히 그러나 완전히 무너진 북한 경제

김일성의 판단 착오는 이제 시작이었습니다. 4년 뒤 1988년, 서울 올림픽이 성공적으로 개최되면서, 한국의 발전된 위상은 전 세계에 알려졌습니다. 이에 김일성은 엄청나게 자존심이 상합니다.

그는 질 수 없다는 생각에 1989년 평양 세계청년학생축전이라는 대규모 국제행사를 개최했습니다. 이는 공산 진영이 주로 참가하는 대행사로 2만여 명이 참가했는데, 북한은 자신의 위상을 강조하기 위해 15만 명 수용이 가능한 건물을 올리고, 으리으리한 건축물 단지를 조성했습니다. 국제사회에 이 모습이 홍보됐지만, 문제는 여기에 무려 45억 달러(약 6조 3,000억 원)를 쏟아부었다는 점입니다. 게다가 이때 지은 건물들은 사실상 관상용이었죠.

남한은 올림픽 때 지은 건물을 분양해서 쏠쏠한 수익을 올렸지만, 북한은 공산주의 계획경제 체제입니다. 즉, 주요 생산 수단과 토지가 국가 소유이며, 개인 차원의 부동산 수익은 꿈도 꿀 수 없으

1989년 평양 세계청년학생축전의 제막식

니 지어진 건물로 그 어떤 수익도 창출할 수 없었습니다.

 게다가 이때 북한은 추가로 40억 달러가량을 손해 본 상태였습니다. 바로 북한의 최대 건설 업적 중 하나라고 선전한 서해갑문 건설 때문이었죠. 서해갑문은 대동강 수위를 조절하기 위해 건설한 댐 역할 시설로, 건설만 하면 북한은 많은 수자원과 통항로를 확보

할 수 있었습니다. 김일성은 큰돈을 들여 건설을 추진했죠.

문제는 북한의 상황이 여의치 않은데, 이런 대규모 공사를 무리하게 추진했다는 점입니다. 게다가 서해갑문 건설 후 유량의 급격한 변화로 공장 폐수가 역류해, 대동강의 수질 오염이 심각해지는 등 부작용도 만만치 않았죠.

이렇게 김일성의 연이은 실수로, 가뜩이나 어려운 북한의 외화 보유고까지 바닥이 납니다. 그리고 1991년, 소련이 해체되면서 그나마 북한의 생명을 유지시켜줬던 사회주의 시장 노선까지 완전히 무너집니다.

결국 북한 경제는 무너졌고, 1995년부터 3년간 이어진 폭우와 가뭄으로 인해 이재민들에게 식량을 배급하지 못하는 상황에 이릅니다. 1990년대에 나라 시스템 전체가 붕괴됐고, 주민들은 먹을 것을 구하지 못해 24만 명부터 많게는 350만 명이 아사했다고 추정됩니다. 이를 '고난의 행군'이라고 부릅니다.

그런데 북한은 경제만 붕괴된 게 아니었습니다. 1994년, 고령이던 김일성이 82세의 나이로 사망하면서 북한 주민들은 엄청난 공황 상태에 빠졌고, 아들 김정일이 수령 자리를 계승했으나 권력 이양 과정에서 북한 지도부는 필연적으로 불안정해질 수밖에 없었습니다. 최악의 경제, 불안정한 리더십, 소련의 붕괴. 모든 것이 북한의 몰락을 가리켰고, 북한 체제 붕괴는 시간문제로 보였습니다.

하지만 우리는 알고 있습니다. 북한은 무너지지 않았고, 아직도 북쪽에 살아남아 있다는 사실을 말이죠. 경제는 최악의 수준이었지만, 그렇다고 체제까지는 붕괴되지 않은 것입니다. 북한은 어떻게 살아남은 것일까요?

겨우 체제를 유지하고 있는 북한의 미래는?

나라가 불안정할 때 주민들이 반란을 일으키거나, 고위급 간부들이 쿠데타를 일으키면 정권은 위태로워집니다. 하지만 김씨 일가의 완벽한 물밑 작업으로, 이런 사태는 일어나지 않았습니다.

김일성은 오랜 세월 철저한 작업을 통해 전 인민이 자신을 따르도록 만들었는데, 고난의 행군으로 주민들의 원성이 높아지자 오히려 이렇게 주장했습니다.

김일성 인민들이여, 지금 경제가 안 좋은 것은 내가 아니라 간부들 탓이다. 최고 영도자인 나는 완전무결한 명령만을 내리지! 하지만 간부들이 내 명령을 잘못 이행한 탓에 사단이 난 것 아니겠어? 나는 남조선과의 군비 경쟁 때문에 국방비도 지출해야 하고, 소련 붕괴 때문에 애쓰고 있다고. 그런데 내가 뭘 더 어떻게 해줘야 해?

이 주장은 북한 주민들에게 그럴듯하게 받아들여졌습니다. 또 김일성은 북한 주민들이 먹고살 수 있도록 장사도 슬쩍 허용하여 그들의 불만을 잠재우기도 했습니다. 사회주의 사회에서 장사는 대개 허용되지 않지만, 정권 유지를 위해 허용한 것이죠.

그런데 이런 주장에 당 간부들은 반발하지 않았을까요? 사실

북한의 주체사상 선전물

상 유의미한 반기는 한 번도 일어나지 않았습니다. 김일성이 이미 정적을 모조리 숙청했고, 권력을 온전히 자신에게 집중시켰기 때문이었습니다.

또 김일성이 죽고 김정일이 권좌에 오르자, 그도 엄청난 숙청 작업에 들어갑니다. 일명 '심화조 사건'이라 하여 최대 2만 5,000명이나 되는 사람들을 반동분자로 몰아 숙청했죠. 뒤이어 군을 장악한 김정일은 공포통치까지 했습니다. 당연히 북한 주민들은 김정일을 따르는 수밖에 없었습니다.

최악의 경제 상황 속에서 북한은 지도부 붕괴를 면했고, 어쨌거나 단결하여 살아남는 데는 성공했습니다. 권력을 장악한 김정은도 집권 초반 5년 동안, 북중 무역 확대 등으로 안정적인 경제 정책을 보여주며 체제를 유지하는 데 성공하고 말았습니다.

어쨌든 살아남은 북한. 하지만 여전히 북한은 최악의 빈곤국이고, 기대 수명은 남한보다 13년이나 짧습니다. 또 남한의 대외 무역 총액은 북한의 수백 배에 달하고, 군사력 격차는 이제 비교 불가능한 수준입니다.

그러나 방심할 수는 없습니다. 살아남는 데 성공한 북한은 매우 위협적으로 변했습니다. '경제력'이라는 약점을 보완하기 위해 핵과 미사일을 개발하면서, 그 부문에서 엄청나게 성장했기 때문입니다. 이미 북한은 상당 수준의 대륙 간 탄도 미사일을 보유하고 있고, 핵탄두도 최소 50개를 보유한 것으로 추정됩니다. 그들은 시시

때때로 우리나라를 향해 도발하며 무력을 과시하고, 북한 주민들이 체제에 충성하도록 강제하고 있습니다.

그러니 북한이 전력을 쓰지 못하도록 제재할 다양한 수단을 마련하고, 사회적 논의를 통해 한반도의 평화를 지킬 수 있는 최대한의 노력을 기울여야 할 것입니다. '민주주의의 꽃'인 대한민국 위에 이러한 세력이 존재한다는 것은 위협이 아닐 수 없습니다. 어렵게 세워놓은 민주주의라는 열매를, 더 이상 총칼로 위협받지 않도록 말이죠.

북한 역사의 주요 사건

1945~1953년: 북한 체제 형성

1945년 8월
한반도 분단 시작

1946년
북조선임시 인민위원회 수립

1948년
조선민주주의 인민공화국 수립, 김일성이 초대 수상으로 취임

1950년 6월 25일
한국전쟁 발발

1980~1990년대: 냉전 종식·경제 위기

1972년
김일성 국가주석 취임

1980년
김정일이 후계자로 공식 지명

1991년
남북 UN 동시 가입

1994년
김일성 사망, 김정일 체제 본격화

현재: 핵보유국 노선 고수, 외교 고립 지속

2009년
제2차 핵실험 및 미사일 발사, 미국·UN 제재 강화

2011년
김정일 사망, 김정은 권력 승계

2017년
핵 무력 완성 선언

2018년
남북 정상회담· 북미 정상회담

1950~1970년대: 김일성 유일 체제

1953년 7월 27일
정전협정 체결, 휴전

1956년
김일성 1인 독재체제 확립

1960년대 초
김일성 중심의 정치이념 '주체사상' 등장

2000~2010년대: 핵 개발과 국제 고립, 3대 세습 체제

1990년대 후반
'고난의 행군' 경제난

2000년
분단 이후 첫 남북 정상회담

2006년
첫 핵실험 실시, 국제 제재 시작

2020년대
경제 고립 지속, 핵 무력 강화 노선 유지

참고 자료

1. 참고 도서

- 권성욱 저, 《중일 전쟁》, 미지북스, 2015
- 김재명 저, 《눈물의 땅, 팔레스타인》, 미지북스, 2019
- 델핀 파팽 저/권지현 역, 《러시아 지정학 아틀라스》, 서해문집, 2023
- 레이몬드 카 저/김원중·황보영조 공역, 《스페인사》, 까치글방, 2006
- 루츠 판 다이크 저, 《처음 읽는 아프리카의 역사》, 웅진씽크빅, 2005
- 류광철 저, 《살아 있는 공포: 아프리카의 폭군들》, 말글빛냄, 2019
- 마틴 쇼이블레, 노아 플룩 공저/유혜자 역, 《젊은 독자를 위한 이스라엘과 팔레스타인의 역사》, 청어람미디어, 2016
- 미야자키 마사카츠 저/이영주 역, 《하룻밤에 읽는 세계사》, 알에이치코리아, 2017
- 베니토 무솔리니 저/김진언 역, 《무솔리니 나의 자서전》, 현인, 2015
- 서희석 저, 《한 권으로 읽는 스페인 근현대사》, 을유문화사, 2018
- 손세호 저, 《하룻밤에 읽는 미국사》, 알에이치코리아, 2019
- 시라토 게이치 저/이정은 역, 《오늘의 아프리카》, 현암사, 2011
- 썬킴 저, 《썬킴의 세계사 완전정복》, 알에이치코리아, 2022
- 일본역사학연구회 저/아르고(ARGO)인문사회연구소 편역, 《태평양 전쟁사 2: 광기와 망상의 폭주》, 채륜, 2019
- 앤터니 비버 저/김규태·박리라 역, 《제2차 세계대전》, 글항아리, 2017
- 에이프릴 고든 외 공저/김광수 역, 《현대 아프리카의 이해》, 다해, 2002

- 우스키 아키라 저/김윤정 역, 《세계사 속 팔레스타인 문제》, 글항아리, 2015
- 윤상욱 저, 《아프리카에는 아프리카가 없다》, 시공사, 2012
- 이매뉴얼 월러스틴 저/성백용 역, 《세계체제와 아프리카》, 창비, 2019
- 전국역사교사모임 저, 《처음 읽는 미국사》, 휴머니스트, 2018
- 존 H. 엘리엇 저/김원중 역, 《스페인 제국사 1469-1716》, 까치글방, 2000
- 크리스토퍼 듀건 저/김정하 역, 《미완의 통일 이탈리아사》, 개마고원, 2001
- 크리스티앙 몽테스·파스칼 네델렉 저/유성운 역, 《지포그래픽 미국의 모든 것》, 이다미디어, 2023
- 팀 마샬 저/김미선 역, 《지리의 힘》, 사이, 2016
- 필 마셜 저/이정구 역, 《인티파다》, 책갈피, 2001
- 한영준 저, 《두선생의 지도로 읽는 세계사: 서양 편》, 21세기북스, 2022
- 한종수 저, 《2차대전의 마이너리그》, 길찾기, 2015
- 홍익희 저, 《유대인 경제사 4: 스페인 제국의 영광과 몰락 중세경제사 下》, 한스미디어, 2016
- 김정웅 저, 〈김정웅의 무역이 바꾼 세계사(41) 세계 최강 전투력을 지닌 몽골 기마군단〉, 포브스 코리아, 2023
- 김정웅 저, 〈김정웅의 무역이 바꾼 세계사(42) 거대한 병영국가 몽골제국〉, 포브스 코리아, 2023
- 이장훈 저, 〈글로벌 포커스 미국과 이스라엘의 이란 공습 맥락 읽기: 트럼프와 네타냐후 궁극 목표는 '중동 리셋'〉, 월간중앙, 2025

2. 참고 논문

- Ts. 체렝도르지 저, 〈몽골제국 시대 이후 몽골이 아시아의 역사에 끼친 영향에 대하여〉, 2016
- 고상두 저, 〈유럽안보에 대한 러시아의 위협요인〉, 2020
- 구하정 저, 〈프란시스코 고야의 [정어리의 매장]에 표현된 스페인 계몽주의 쇠퇴에 대한 비판〉, 2023

- 권세은 저, 〈현대 러시아 지정학에 대한 비판적 실재론적 이해〉, 2024
- 김경범 저, 〈스페인 황금세기의 문학 검열〉, 1997
- 김귀영 저, 〈일본의 진주만 공격 결정에 관한 연구〉, 2002
- 김도영·강정일 공저, 〈러시아-우크라이나 전쟁 종결에 관한 연구: 게임이론을 통한 분석〉, 2024
- 김동하 저, 〈거시경제지표를 이용한 중국 서부대개발 정책 평가〉, 2020
- 김면회·정혜욱 공저, 〈노르웨이(Norway) 유럽회의주의의 확산 요인 연구〉, 2014
- 김성우·조상근·진중근 공저, 〈공방균형이론을 통한 러시아-우크라이나 전쟁 분석〉, 2022
- 김성주 저, 〈1960년대 북한의 군사주의 확산 과정 연구〉, 2015
- 김성진 저, 〈러시아-우크라이나 전쟁과 러시아 외교안보정책 전망〉, 2024
- 김영식 저, 〈미국과 서방의 대러시아에 대한 경제제재와 경제위기: 2014년과 2022년 경제제재의 영향에 대하여〉, 2024
- 김완규 저, 〈중국의 시진핑(習近平) 정부와 미국의 패권경쟁에 관한 연구〉, 2018
- 김원중 저, 〈16세기 에스파냐 도시 과두귀족의 사회적 성격: 마드리드 시 정부의 개별 청원의 분석을 통해 본〉, 1997
- 김원중 저, 〈근대초 스페인 제국의 흥기와 몰락〉, 2001
- 김은비 저, 〈이스라엘-이란 관계의 정치적 내러티브〉, 2022
- 김철민 저, 〈동유럽을 향한 NATO 동진 정책과 러시아: 현황과 사례 분석을 중심으로〉, 2016
- 김충현 저, 〈17세기 후반 위그노 망명과 영국의 명예혁명〉, 2020
- 김태형 저, 〈냉전기 인도-파키스탄 숙적(rival)관계 발전과 미국의 역할: 3차 인도-파키스탄 전쟁과 닉슨 행정부의 외교정책을 중심으로〉, 2022
- 김학노 저, 〈'네덜란드 모델'의 성과와 한계〉, 2004
- 김호동 저, 〈몽골제국과 '大元'〉, 2006
- 김호동 저, 〈몽골제국의 세계정복과 지배〉, 2013
- 김홍진 저, 〈자원기반 경제와 네덜란드 병: 몽골의 사례〉, 2014
- 김희순 저, 〈스페인 식민제국 형성기 도시의 역할 고찰-16세기 누에바 에스파냐 부왕

령을 중심으로-〉, 2014
- 김희순 저, 〈오브라헤를 통해 살펴 본 스페인 식민지의 경제 체제: 누에바 에스파냐 부왕령을 중심으로〉, 2014
- 나송주 저, 〈17세기 스페인 과학의 몰락과 종교적 갈등〉, 2006
- 나영주·이동민 공저, 〈대량 탈북 난민의 발생과 중국의 군사적 개입 가능성〉, 2017
- 류만희 저, 〈네덜란드의 '기적'의 실체와 그 의미〉, 2002
- 리 페이 저, 〈치변(治邊)의 딜레마: 중국-미얀마 접경지역과 국경 관리〉, 2024
- 문지영 저, 〈자유수의와 근대 민주주의 국가〉, 2011
- 박금표·이동원 공저, 〈인도-파키스탄 분단의 기억과 힌두 민족주의〉, 2023
- 박동준 저, 〈러시아-우크라이나 전쟁의 최근 전황과 특징〉, 2024
- 박명섭·허윤석·홍란주 공저, 〈수에즈 運河의 開通에 따른 地域經濟 成長에 관한 硏究〉, 2008
- 박영준 저, 〈미국과 일본 간 태평양전쟁 개전과정 재조명, 1906-1941: 패권전쟁 발발의 다층적 요인을 중심으로〉, 2023
- 박종욱 저, 〈반유대주의운동과 스페인 근대 종교재판소에 있어서 거짓 개종 유대인문제〉, 2008
- 박찬기 저, 〈사이크스-피코 비밀협정과 레바논, 시리아 건국 과정〉, 2016
- 서광진 저, 〈러시아 정체성 형성과 '유럽'의 개념: 18세기 후반의 경우〉, 2015
- 서상민 저, 〈중국 동북지방의 '신지정학': 미·중 전략경쟁과 지방의 전략적 지위 변화〉, 2024
- 서정경 저, 〈지정학적 관점에서 본 시진핑 시기 중국 외교〉, 2015
- 신범식 저, 〈지정학적 중간국 우크라이나의 대외전략적 딜레마〉, 2020
- 안상욱 저, 〈우크라이나 전쟁 이후 EU와 주요국의 에너지 공급망 변화〉, 2024
- 양준석 저, 〈해방공간에서의 한반도와 동유럽: 공산화 과정과 기독교 탄압을 중심으로〉, 2017
- 연담린 저, 〈나토 확장에 따른 러시아 엘리트 그룹의 행위전략과 정책산출〉, 2024
- 연원호 저, 〈시진핑 정부의 공동부유 추진 배경: 중국사회의 경제적 불평등 분석〉, 2023

- 외교안보연구소 저, 〈2025 국제정세전망〉, 2024
- 원동욱 저, 〈중국의 대 미얀마 투자와 반중정서: 밋손댐 프로젝트 사례를 중심으로〉, 2022
- 윤민우 저, 〈미국 서방과 러시아- 중국의 글로벌 전략게임: 글로벌 패권충돌의 전쟁과 평화〉, 2022
- 윤종태 저, 〈이탈리아 통일 이후 이탈리아인 만들기와 교육의 역할〉, 2018
- 윤종희 저, 〈소련의 해체와 '지연된 내전': 우크라이나 전쟁의 역사적 기원〉, 2024
- 응웬티홍찌엔·김대중 공저, 〈러시아-우크라이나 전쟁의 발발원인과 양상에 대한 사회구성주의적 분석: 관념과 정체성에 따른 전쟁의 모티브〉, 2024
- 이기영 저, 〈중국 지정학적 위험이 중국 실물경제에 미치는 영향연구〉, 2024
- 이내주 저, 〈일본의 진주만 공습(1941. 12. 07) 태평양 전쟁에 불을 붙이다!〉, 국방과 기술, 2024
- 이문영 저, 〈형제국가들의 역사전쟁: 우크라이나 사태와 러시아의 크림반도 합병의 기원〉, 2015
- 이선우 저, 〈유라시아의 지정학, 민족 균열, 그리고 재민주화: 우크라이나와 벨라루스 사례 비교〉, 2015
- 이신욱 저, 〈러시아-우크라이나 전쟁에 대한 고찰: 세력균형 문제를 중심으로〉, 2022
- 이연재 저, 〈1990년대 북한체제, 위기와 생존의 동학〉, 2017
- 이윤희 저, 〈시진핑 집권기 중국의 대인도 외교정책에 관한 연구〉, 2023
- 이은구 저, 〈카쉬미르 문제의 발단과 인도-파키스탄의 분쟁〉, 2003
- 이은채·장익현 저, 〈우크라이나 영토분쟁에 관한 사(史)적 연구: 크림전쟁과 독소전쟁의 사례를 중심으로〉, 2024
- 이은해 저, 〈총신 올리바레스(Olivares) 시대의 포르투갈인 콘베르소와 종교재판소〉, 2013
- 이정남 저, 〈(시진핑(习近平)의 중국몽(中国梦): 팍스 시니카(Pax-Sinica) 구상과 그 한계〉, 2018
- 이정호 저, 〈인도의 독립과 파키스탄의 탄생〉, 2008
- 이정호 저, 〈인도의 독립과 마하트마 간디의 죽음〉, 2010

- 이종은 저, 〈영국혁명의 의의 및 크롬웰의 역할〉, 2000
- 이종화 저, 〈중국의 '통일국가(大一統)' 정체성 형성과 의미: 중국의 통일과 분열의 역사 순환을 어떻게 볼 것인가?〉, 2014
- 이주연 저, 〈몽골제국 잔존세력의 후속 역사 소고(小考): 명대(明代) 서북(西北)의 관서(關西) 위소(衛所)를 중심으로〉, 2022
- 이지원 저, 〈일본의 대미기습공격의 군사교리적 원천에 관한 연구〉, 2008
- 이지원 저, 〈일본의 동아시아 패권정책과 미국의 견제정책에 관한 연구〉, 2013
- 이지은 저, 〈베냐민 네타냐후 총리 재집권 이후 이스라엘의 정세 변화와 시사점〉, 2023
- 이진기·손한별 공저, 〈군사적 실패와 전략적 적응: 제3차 인도-파키스탄 전쟁과 카르길 전쟁을 통한 파키스탄 군사전략 변화 사례〉, 2021
- 이창희 저, 〈김정은은 왜 1970년대식 경제선동을 불러오는가?〉, 2014
- 이호철 저, 〈중국의 부상과 지정학의 귀환〉, 2017
- 인남식 저, 〈이스라엘의 이란 공습: 배경과 전망〉, 2025
- 임상래 저, 〈스페인의 아메리카 식민 지배의 성격과 방식에 관한 소고: 부왕제와의 관계를 중심으로〉, 2018
- 장문석 저, 〈식민주의 과거, 예외화하거나 왜소화하기-이탈리아와 아프리카 식민지들〉, 2015
- 장재혁 저, 〈몽골 제국, 대영 제국, 미국의 패권(hegemony) 형성 과정 공통점 연구 - 패권 형성 요소(공간, 시간, 영향력)를 중심으로 - 〉, 2025
- 전혜원 저, 〈러시아·우크라이나 전쟁과 유럽의 전략문화: 위협 인식 변화와 방위 협력 진전〉, 2023
- 정영철 저, 〈광복 80년, 북한 경제 80년: 영광, 좌절 그리고 재건설의 역사〉, 2025
- 정재원 저, 〈러시아의 우크라이나 침략의 본질-러시아의 오래된 제국적 기획의 실현〉, 2022
- 정현욱 저, 〈중국의 해상 팽창 과정과 지정학적 함의-마오쩌둥부터 시진핑 시기까지-〉, 2023
- 제성호 저, 〈이란 핵개발: 이스라엘과의 비교와 대이란 공격 가능성을 중심으로〉,

2012
- 조경란 저, 〈21세기 '중화민족'·중화주의·'동일성의 제국'-시진핑 체제의 '중화민족공동체'와 '중화적 종주권의식'을 중심으로〉, 2024
- 조길태 저, 〈인도·파키스탄 분립운동(分立運動)과 정치지도자들의 태도에 관한 고찰〉, 2006
- 조동호 저, 〈김정은 시대 북한경제의 개혁개방 평가〉, 2021
- 조준배 저, 〈제2차 세계대전과 미국의 지정학: 니컬러스 스파이크먼(Nicholas Spykman)을 중심으로〉, 2024
- 주미영 저, 〈미국 연방주의 운영체제와 분권화〉, 2004
- 지효근 저, 〈헤즈볼라의 정치군사적 발전에 대한 분석과 전망: 제1, 2차 레바논전쟁을 중심으로〉, 2020
- 차태서 저, 〈분열된 영혼? 포스트-트럼프 시대 미국 정체성 서사 경쟁〉, 2022
- 최승우 저, 〈김정일시대 북한의 대내외 환경과 경제정책〉, 2014
- 최영철·송경근·유왕종·최창모 공저, 〈헤즈볼라, 하마스, 무슬림형제단 및 마흐디민병대: 중동 이슬람 과격단체의 형성과정〉, 2009
- 최유정·한하린 공저, 〈북한 대외 채무의 쟁점과 과제: 국제 규범과 해외 사례를 중심으로〉, 2021
- 최종찬 저, 〈인도무슬림의 특성〉, 2009
- 최창모 저, 〈세계 유대인 네트워크와 반유대주의〉, 2007
- 최해성 저, 〈17세기 스페인 도시 대중문화의 역사학적 접근〉, 2012
- 탁현삼·차준호·최락영 공저, 〈인도 비동맹주의의 지속가능성에 대한 탐구 위협균형론의 적용을 중심으로〉, 2023
- 홍미정 저, 〈시온주의, 이스라엘 시민권 그리고 팔레스타인인〉, 2016
- 홍미정 저, 〈영국의 팔레스타인 정책, 하심가와 시온주의자〉, 2018
- 홍미정 저, 〈유대인, 이스라엘과 이란의 전략적 관계〉, 2022
- 홍미정 저, 〈이스라엘/아랍국가들 평화협정: 팔레스타인인들의 주권 박탈〉, 2022
- 홍제환 저, 〈김정은 시대의 북한경제: 경제정책, 대외무역, 주민생활〉, 2022
- 홍제환 저, 〈김정은 시대의 북한경제: 평가와 전망〉, 2021

- 황성칠 저, 〈북한 급변사태 시 중국의 군사력 개입에 관한 연구: 정당전쟁론 사례 분석을 중심으로〉, 2014
- Devesa, M. E. G. 저, 〈Ideology And The Fall Of Empires: The Decline Of The Spanish Empire And Its Comparison To Current American Strategy〉, Pickle Partners Publishing, 2014
- Grip, L., & Hart, J. 저, 〈The use of chemical weapons in the 1935-36 Italo-Ethiopian War〉, SIPRI Arms Control and Non-proliferation Programmme, 2009
- McLachlan, S. 저, 〈Armies of the Adowa Campaign 1896: the Italian disaster in Ethiopia〉, Bloomsbury Publishing, 2011
- Paquette, G. 저, 〈The reform of the Spanish empire in the age of Enlightenment〉, The Spanish Enlightenment Revisited, 2015

본문 이미지 출처

[미국] 최고의 운과 실력으로 지구 최강국이 된 나라

p.16	〈메이플라워호를 타고 아메리카 대륙으로 온 청교도들〉, 윌리엄 할스알, 1882, ⓒ필그림 홀 미술관
p.18~19	〈델라웨어강을 건너는 워싱턴〉, 에마누엘 로이체, 1851, ⓒ메트로폴리탄 뮤지엄
p.24	에이브러햄 링컨 초상화, 알렉산더 가드너 촬영, 1863, ⓒ애머스트칼리지 미드 미술관
p.27	치머만 전보, 1917, ⓒ미국 국립문서기록관리청
p.29	대공황 중 무료 급식을 받기 위해 줄지어 선 미국인들, 1931, ⓒ미국 국립문서기록관리청

[중국] 사방이 적으로 둘러싸인 위협의 땅

p.38	미국(왼쪽)과 멕시코(오른쪽) 국경 장벽, http://www.ngb.army.mil
p.42	중국, 티베트 간의 분쟁, ⓒ로이터
p.47	문화대혁명, 1967, ⓒ인민화보
	천안문 사태, 1989, 작자 미상

[러시아] 끝없이 더 많은 땅을 확보해야 하는 이유

p.64	소련 해체 이후 철거되는 레닌 동상, 작자 미상, 1991

p.66	블라디미르 푸틴, Kremlin.ru
p.69	크림반도 지도, ⓒwikimedia
p.70	러시아 장갑차가 널려 있는 우크라이나 시내, 2022, ⓒBBC

[이탈리아] 독재자의 과대망상이 낳은 최악의 실수

p.83	프랑스 신문에 실린 제1차 이탈리아·에티오피아 전쟁의 기록화, 〈Le Petit Journal〉, 1895
p.90	독소전쟁 중 드네프르강을 방어하는 독일군, ⓒ러시아연방 국립문시보관소
p.93	베르살리에리 군대를 그린 삽화, 〈전쟁 일러스트레이티드〉, 1916

[일본] 전쟁을 멈출 수 없었던 국가의 최악의 선택

p.98	요슈 치카노부의 우키요에, 1889, 〈헌법반포약도〉
p.103	난징에 입성하는 일본군, ⓒ난징 대학살 기념관
p.105	삼국동맹 조약 선전 엽서, 1938, 《소학3년생》
p.108	불타는 미국 함선, 작자 미상, 1941
p.110	항복 문서에 서명하는 당시 일본 외무대신, 스티븐 E. 코르판티 촬영, 1945

[이스라엘·팔레스타인] 4천 년 전부터 시작된 죽음의 땅따먹기

p.120	로스트차일드가 문장, ⓒMathieu Chaine
p.123	예루살렘의 모습, 작자 미상
p.128	이스라엘 국가 선포식, 1948, ⓒ이스라엘 외무부

[이스라엘·하마스] 이스라엘과 중동은 왜 바람 잘 날이 없을까?

p.138	1993년 9월 13일 백악관에서의 빌 클린턴, 이츠하크 라빈, 야세르 아라파트, ⓒ미국 대통령실
p.141	이스라엘에 의해 폭격당한 가자 지구, ⓒ로이터
p.143	부셰르 원전, https://hia.bpums.ac.ir/Fa/DynPages-6487.htm
p.148	베냐민 네타냐후 이스라엘 총리, ⓒAP·연합뉴스

[영국] 종교 갈등은 어떻게 민주주의의 기반이 됐을까?

p.159	장 칼뱅 초상화, 작자 미상, 1550년경
p.162	성공회 예배에 대한 억압에 폭동을 일으킨 스코틀랜드인들, 벤체슬라우스 홀라르, 1650
p.164~165	〈네이즈비 전투 현장의 크롬웰〉, 찰스 랜드시어, 1851
p.171	〈성 바르톨로메오 축일의 학살〉, 프랑수아 뒤부아, 1572~1584년경, ⓒ로잔 주립미술관
p.174	권리장전 문서, ⓒ영국 국립문서보관소

[스페인] 세계 최강 스페인 제국이 갑자기 몰락한 이유

p.179	〈1588년 영국 해안의 스페인 무적함대〉, 코넬리스 클라에스 반 비링겐, 1620~1625년경, ⓒ레이스크 박물관
p.180	이사벨 여왕과 페르난도 왕의 결혼식, 작자 미상
p.182~183	〈그라나다 항복〉, 프란시스코 프라디야, 1882, ⓒ스페인 상원 궁전
p.185	〈황제 카를 5세〉, 후안 판토하 데 라 크루즈, 1605, ⓒ프라도 미술관
p.189	〈스페인 무적함대의 패배〉, 필립 제임스 드 루터부르그, 1796, ⓒ그리니치 왕립박물관
p.192~193	이단을 처벌하는 스페인 종교 재판 장면, 작자 미상, 18세기, ⓒ멕시코 국립미술관
p.194	모리스코를 그린 삽화, 크리스토프 바이디츠, 1530, ⓒ뉘른베르크 국립 박물관

[인도·파키스탄] 신의 이름 아래 벌어진 참혹한 분열

p.205	체포되는 무굴제국 마지막 황제의 모습, 로버트 몽고메리 마틴, 1860
p.212	마하트마 간디, 작자 미상, 1931(추정)

[네덜란드] 순식간에 벼락부자가 된 네덜란드의 추락

p.229	마셜 플랜 로고, ⓒU.S. Government

p.230	유럽의 관문 로테르담 항, worldcargonews.com/news/2024/03/port-of-rotterdam-appeals-to-eu-for-port-centric-energy-transition/?gdpr=accept
p.231	네덜란드 경제를 변화시킨 흐로닝언 천연가스전, skitterphoto.com/photos/105/gas-tower-wildervank#google_vignette
p.234	오일 쇼크, 작자 미상

[아프리카] 자원은 어떻게 국가의 미래를 결정할까?

p.241	금화를 들고 있는 말리 제국 제9대 황제 만사 무사, 아브라함 크레스케스, 1375, ⓒ프랑스 국립도서관
p.247	비아프라 내전, 작자 미상

[몽골제국] 최대 영토를 자랑했던 몽골이 쇠락한 이유

p.258	칭기즈칸 초상화, 작자 미상, ⓒ대만 국립고궁박물원
p.262	칭기즈칸의 임종을 그린 프랑스 중세 필사본 삽화, 작자 미상, 15세기 중엽, ⓒ프랑스 국립도서관
p.270	〈사냥 중 사슴을 쫓는 건륭제〉, 주세페 카스틸리오네, 17세기 후반

[북한] 남한보다 잘살던 국가에서 최악의 빈곤국으로

p.277	천리마 동상, 작자 미상
p.280	천리마선, 작자 미상
p.284	1989년 평양 세계청년학생축전의 제막식, 작자 미상
p.287	북한의 주체사상 선전물, 마크 페이히 촬영

※ 저작권자를 찾으려고 했으나 미처 저작권 허가를 받지 못한 일부 작품에 대해서는, 추후 저작권이 확인되는 대로 절차에 따라 계약을 맺고 그에 따른 저작권료를 지불하겠습니다.

한번 시작하면 잠들 수 없는 세계사

초판 1쇄 발행 2025년 12월 1일
초판 14쇄 발행 2025년 12월 17일

지은이 김도형(별별역사)
펴낸이 이경희

펴낸곳 빅피시
출판등록 2021년 4월 6일 제2021-000115호
주소 서울시 마포구 월드컵북로 402, KGIT 19층 1906호

ⓒ 김도형(별별역사, 2025)
ISBN 979-11-994917-5-5 03900

- 인쇄·제작 및 유통상의 파본 도서는 구입하신 서점에서 바꿔드립니다.
- 이 책의 전부 또는 일부 내용을 재사용하려면 반드시 사전에 저작권자와 빅피시의 서면 동의를 받아야 합니다.
- 빅피시는 여러분의 소중한 원고를 기다립니다. bigfish@thebigfish.kr